Colección dirigida por
Gilles Farcet

Las fórmulas de Swami Prajñanpad

Las fórmulas de Swami Prajñanpad

Comentadas por
Arnaud Desjardins

◉◉◉◉◉

Fórmulas y comentarios editados por
Véronique Desjardins

HARA PRESS

Título original: *Les formules de Swâmi Prajnânpad - Commentées par Arnaud Desjardins - Présentation de Véronique Desjardins.*

© Éditions de La Table Ronde, 2003
© 2018 Hara Press USA, LLC para la lengua española

Todos los derechos reservados

www.harapress.com

Traducción: Patricia Meade y Luis Iturbide
Diseño de cubierta: Rafael Soria

ISBN: 978-0-9840430-7-1

Library of Congress Control Number pedido
Colección: Espiritualidad de hoy

Foto de portada: Swami Prajñanpad fotografiado por Arnaud Desjardins

Contenido

En homenaje a Swami Prajñanpad y al soplo innovador de su linaje, a Arnaud Desjardins, el ami spirituel *que durante más de trein-ta años se ha consagrado a la transmisión del adhyatma yoga, a la comunidad de hermanos y hermanas en la vía, lectores o discípulos, que se abrevan en este manantial siempre nuevo.*

Presentación

"¿Cuál es la frase de Swami Prajñanpad que según usted más resume toda la enseñanza, aquella frase de la cual solo necesita acordarse, con total convicción y fidelidad, para que los dragones se echen a sus pies y que lo que parecía tan terrible pierda su poder y se convierta, al contrario, en un aliado?"[1]

La presente obra pertenece a una historia, aquella de la transmisión de la vía que Arnaud Desjardins siguió al lado de un maestro indio, Swami Prajñanpad. En septiembre de 1974, Arnaud Desjardins fundó el centro llamado el Bost, en Auvernia, Francia, para compartir los fundamentos de esta enseñanza con los primeros alumnos que se juntaron a su alrededor, casi todos ellos neófitos en materia de espiritualidad. Todos aquellos de entre nosotros que conocimos ese período, recordamos la intensidad de "los años del Bost". Teníamos todavía todo por aprender, lo cual nos hacía aun más receptivos a la especificidad de la vía de Swami Prajñanpad, que aunque se inscriba en la corriente hindú del advaita vedanta, se distingue sin embargo por el carácter original y a veces hasta contestatario de su enfoque, de ciertos aspectos de la tradición india.

La apertura del Bost coincidió con la muerte de Swami Prajñanpad. Le hicieron falta a Arnaud nueve años de

---

1. *Más allá del Yo*, Arnaud Desjardins, capítulo "El precio de la libertad".

intensa práctica para que se cumpliera la promesa que su maestro le hizo en la época en la que él temía que Swami Prajñanpad muriera antes de que terminara su propia ascesis cerca de él: "Swamiji no lo va a abandonar hasta que usted pueda sostenerse sobre sus propios pies".

Aunque la mayoría de nosotros nunca hubiesemos conocido a Swamiji, su alta estatura se nos hizo poco a poco familiar a través de las anécdotas que Arnaud nos contaba respecto a este notable maestro, pero sobre todo, gracias a las "fórmulas" con las que Swamiji coloreaba sus entrevistas con sus discípulos —y esto ocurrió también con Arnaud. Estas frases concisas estaban cargadas de un contenido que sigue profundizándose a lo largo de los años.

La mayoría de los maestros transmiten su enseñanza de dos maneras: una general que se dirige al conjunto de los discípulos, y otra particular que concierne a un determinado discípulo en un momento específico. Todo el arte del maestro consiste en sentir el instante en el que el discípulo está maduro para recibir aquello que le puede ayudar en esta etapa de su camino. La ayuda puede llegar bajo la forma de un gesto, una mirada, un silencio, o de una frase que viene a golpear al alumno en su profundidad y actúa como un signo revelador.

Todo camino espiritual supone liberarse de un conjunto de condicionamientos que nos exilian de nuestra verdadera naturaleza y le impiden manifestarse. Estas huellas de las que no debemos subestimar el poder, se fueron constituyendo al azar de nuestras experiencias —y, con frecuencia, de nuestras experiencias dolorosas- mientras que la vía procede al contrario de un enfoque metódico y riguroso, probado por generaciones de maestros y discípulos. Las experiencias buenas o malas específicas de un individuo —y solamente de él- lo llevan a sacar conclusiones subjetivas acerca de sí mismo y de la existencia en general, conclusiones profundamente arraigadas en su psique y en las cuales él cree firmemente, mas que no tienen nada que ver con la realidad tal cual es. Él vive por lo tanto la mayor parte del tiempo en el error; y aun si da la impresión de lo contrario y acaba dejándose engañar por los diferentes logros en la existencia, no está en sintonía con el mundo real, sino con un mundo de su propia fabricación.

Una gran parte de nuestra transformación implica pues remplazar poco a poco las leyes falsas elaboradas por la psique, por la comprensión de las leyes verdaderas que rigen el universo, permitiéndonos así acceder a una visión más justa de nosotros mismos y del mundo. Poniéndonos en contacto con las cosas tal y como son y no tal y como las soñamos y las deformamos a través de nuestras proyecciones, esta nueva perspectiva nos lleva poco a poco a salir de situaciones conflictivas que hemos engendrado por ignorancia y nos permite vivir cada vez más en armonía con los demás. Constituye la base sólida sobre la que puede echar raíces nuestro crecimiento interior.

Las fórmulas de Swamiji trabajan en este sentido. No se tienen que seguir escolásticamente en el sentido en el que se las tomarían en orden tratando de aplicarlas en la vida. Cada quien es diferente, y la etapa de uno no es la de otro. Pero las máximas de vida transmitidas por Swamiji, si nos dejamos impregnar por ellas, terminan por formar un sustrato sano en nuestra psique que se vuelve un contrapeso de nuestros hábitos de pensamiento. Ellas surgen por sí solas en el momento oportuno, para confirmar una toma de consciencia, reforzar nuestra práctica, o simplemente inspirarnos. Pueden acompañar la totalidad de nuestro camino, y en ciertos momentos, inclusive pueden jugar un papel decisivo, como fue el caso por Arnaud en 1971, con las simples palabras: "Ser, es ser libre de tener".

Estas fórmulas, Arnaud Desjardins las anotó día tras día, a lo largo de los años, al salir de sus entrevistas con Swamiji. Pero es claro que la vastedad de la relación de maestro a discípulo que constituía la esencia de la transmisión de Swami Prajñanpad –esta relación de corazón a corazón que se despliega y se profundiza con el tiempo- no puede compartirse aquí. Esta obra no pretende pues exponer "la enseñanza" de Swami Prajñanpad,[2] término que por cierto él mismo rechazaba, sino solamente compartir con los lectores las frases que acompañaron el camino de uno de sus alumnos. Representan la herencia particular que Arnaud Desjardins recibió de su maestro, para legárnosla después. De igual manera, los comentarios seleccionados para ilustrar estas máximas no representan tampoco la totalidad de lo que Arnaud transmite a quienes confían en el.

La mayoría de las frases de Swamiji son a la vez metafísicas y totalmente concretas. El mejor ejemplo es la aplicación inmediata que Swamiji daba a la no-dualidad: "Sea no dual aquí y ahora", incitando al alumno a considerar todo estado interior o toda situación existencial como punto de apoyo para su práctica. La selección de fórmulas por temas por lo tanto no siempre hace justicia a la riqueza del contenido de cada fórmula.

Toda clasificación, aun si hecha con lógica, procede inevitablemente de una elección hecha por parte del autor.

---

2. Consultar a este respecto la notable síntesis de esta Vía hecha por Daniel Roumanoff, *Swami Prajñanpad, un maitre contemporain*, volumen I, *Les lois de la Vie*, volumen II, *Le quotidien illuminé*, editado por Éditions de La Table Ronde.

Esta selección yo la hice en función de lo que me pareció poder ayudar a aquellos que siguen esta vía, ya sea que se trate de lectores interesados, o de alumnos comprometidos con el mismo Arnaud Desjardins. Una enseñanza forma un conjunto coherente de conocimientos y verdades que el alumno adquiere inicialmente por partes. Solo el maestro tiene la visión de conjunto a la que el alumno se acerca a medida que va progresando. Siempre que las nociones fundamentales de la vía que sigue le sean claras. Espero que esta obra contribuya, junto a otros soportes, a esta clarificación indispensable.

Más de treinta años han pasado desde "los inicios del Bost" —al que sucedieron los ashrams de Font-d' Isière en el departamento del Gard en Francia, y luego Hauteville en el de Ardèche— pero Swami Prajñanpad, por intermediación de Arnaud Desjardins, sigue presente en el corazón de nuestras existencias. Pues aquello que todo linaje lleva en sí —el conjunto de las influencias espirituales que canaliza- es una experiencia viva que no deja de profundizarse con el tiempo, ni de nutrir a quienes han escogido hacer de ella su camino.

Puesto que las fórmulas fueron pronunciadas en inglés, ellas están aquí restituidas en su lengua de origen, y traducidas al español. Se completan con los comentarios que Arnaud Desjardins hizo de cada una en sus diferentes obras (o por extractos de pláticas grabadas, meditaciones guiadas, o cartas a sus alumnos).[3] El lector más particularmente interesado en una u otra de estas fórmulas va a poder eventualmente referirse a las obras de Arnaud Desjardins de las que señalamos la referencia después de cada cita.

---

3. Estas citas están señaladas con un asterísco.

Algunas nociones esenciales propias de Swami Prajñanpad a las que Arnaud Desjardins hacía con frecuencia referencia —como la distinción entre ver y pensar, la emoción y el sentimiento, o el individuo y la persona— han sido igualmente integradas, lo mismo que algunas frases que Swami Prajñanpad pronunció en circunstancias muy precisas y que tuvieron valor de enseñanza. En fin, solo los términos en sánscrito de los que la supresión hubiera representado una traición a Swamiji, se han conservado.

Primera parte
Los fundamentos de la práctica

La pregunta fundamental

What do you want?
¿Qué quiere usted?

Una frase terrible –de la cual en su momento no medí la amplitud del sentido– fueron las primeras palabras que escuché de la boca de Swamiji: *"What do you want?"*, –"¿Qué quiere usted?". ¿Quiere usted comprometerse en una aventura que toda la historia de la humanidad ha definido como la más grande, la única que conduce a la perfección más allá de todo miedo y todo sufrimiento, *pero que, como todo lo que tiene un valor inmenso, tiene un precio muy alto?* O ¿quiere usted ese sueño cada vez más generalizado en el que, sin tener que atravesar esta crisis de muerte y resurrección, se nos prometen quién sabe qué poderes milagrosos, qué sabiduría, qué consciencia supranormal y otras maravillas? No es porque la mentira esté generalizada y repetida por doquier por gente que busca tranquilizarse, que la verdad pueda ser cambiada.

– *Más allá del yo*, capítulo "El precio de la libertad".

"What do you want?", nos preguntaba tan a menudo Swamiji. ¿Qué quiere usted? ¿Lo quiere verdaderamente? ¿Siente la necesidad imperiosa? ¿Quiere vivir el camino o soñarlo? ¿Quiere usted escaparse de la prisión, sí o no?

– *En busca del Sí-mismo*, capítulo "Mahakarta, mahabhokta".

Durante mi primer encuentro con Swamiji, estaba a la vez muy conmovido y muy desconcertado. Confusamente, sentía que algo totalmente nuevo iba a comenzar en mi existencia. Swamiji me hizo una simple pregunta: *"What do you want?"*. Es la pregunta más simple. Usted vino. ¿Qué quiere? Contesté *"atma darshan"*, la visión del *atman*, la visión del Sí mismo. Yo era sincero.

Desde hacía quince años, yo practicaba técnicas de vigilancia y meditación, desde hacía seis años surcaba la India, venía de vivir varios meses en el medio tibetano, sumamente impresionado por los grandes rimpochés. Swamiji sonrió: *"Very nice,* muy bien". No vi lo que contenía ese very nice tan afectuoso. Cinco años más tarde, me volví a encontrar sentado frente a Swamiji con lágrimas en los ojos. Le pregunté a Swamiji: "¿Recuerda Swamiji mis primeras palabras?" Swamiji las recordaba. Pero cinco años después, ¿qué es lo que yo quería? Quería tanto, tanto, tanto... algo que no tenía nada que ver con la visión del Sí mismo. Cinco años para llegar a eso.

— *Le vedanta et l'inconscient*, capítulo "La erosión del deseo".

La vigilancia

Awareness is the very sadhana which will lead you to the goal.
La vigilancia es en sí la ascesis que le llevará al objetivo.

La vigilancia es estar perfectamente consciente de lo que pasa fuera de nosotros y dentro de nosotros. Dentro de nosotros, es decir la manera en la que reaccionamos hacia aquello con lo que estamos en contacto. Es a la vez una presencia a sí mismo y una presencia a la situación; una toma de consciencia de sí mismo y una toma de consciencia de la situación. La vigilancia le permite ver hasta qué punto este interior y este exterior están, de hecho, más relacionados de lo que se cree inicialmente; cómo lo exterior existe solo en la medida en que se manifiesta en nosotros bajo la forma de sensaciones, de emociones y de pensamientos, y cómo, a la inversa, nuestros pensamientos son proyectados hacia el exterior.

Por lo regular, no hay vigilancia; solamente funcionamientos, pensamientos que se suceden de acuerdo a las cadenas de acciones y reacciones, sensaciones y emociones, pero no hay consciencia de ser. Es indispensable encontrar la posibilidad de conservar la consciencia de sí mismo, estando, al mismo tiempo, activo y consciente de lo que está pasando en el exterior.

Si está usted atento, verá que, todo el tiempo, se deja atrapar por las cosas exteriores o por sus ensoñaciones interiores y que la consciencia de sí mismo, la vigilancia, desapareció por completo. La vigilancia me permite ver lo que es, en lugar de vivir en la ceguera. La vigilancia me permite ver lo que es, fuera de mí –la circunstancia en la que me encuentro, las condiciones en las que me encuentro– y ver la manera en que reacciono: veo una emoción que surge en mí, veo un temor, veo un rechazo, lo veo…

Usted tiene de hecho dos puntos de apoyo: el punto de apoyo que puede encontrar en sí mismo, y el punto de apoyo que puede encontrar fuera de sí mismo. Estos dos puntos de apoyo pueden ser utilizados, y los dos se refuerzan. Habrá quienes alcancen la vigilancia apoyándose sobre todo en lo que sucede fuera de ellos, y viviéndolo de una manera muy consciente. Otros se apoyarán más bien en la consciencia de sí mismos propiamente dicha, tal como esta se afina y se profundiza durante los momentos de meditación.

En lo que respecta a la vigilancia que se apoya sobre sí mismo, esta vigilancia está activa cuando usted está consciente de lo que pasa en sus pensamientos: usted no está absorto por sus pensamientos, es testigo de sus pensamientos; cuando está consciente de lo que pasa en su corazón: he aquí una tristeza, he aquí un miedo, he aquí una impaciencia, y usted no se deja llevar por ellos; y consciente de su cuerpo: me duele un poco la espalda; estoy fatigado; tengo ganas de vomitar; tengo los músculos de los hombros contraídos.

La vigilancia puede también tomar como punto de apoyo las situaciones concretas en las cuales se encuentra, y esto constituye algo muy eficaz. Si usted se apoya en el devenir de la existencia misma, y quiere vivir esta existencia tal cual es, conscientemente, lo va a lograr. Logrará ver cómo reacciona ante las situaciones y, la visión de sus propias reacciones es lo que hará crecer en usted la consciencia de sí mismo. Puede ver a cada instante que reacciona ante los acontecimientos exteriores, que no es neutral, que no es uno con la realidad, que no está de acuerdo con que lo que es, sea. Viendo sus propias reacciones, tratando de regresar a la realidad, de adherirse a lo que es, verá que el mismo transcurso del día lo va a restablecer en la consciencia de sí.

El día que, como buscador espiritual, tenga la convicción de que debe ser vigilante, ese día se volverá una persona vigilante. Si siente la importancia de una existencia humana y la gravedad de perder su existencia, si siente que la no-vigilancia representa verdaderamente la muerte, y que la vigilancia es el camino que lo conducirá al sentido mismo de su vida, si esta cuestión se vuelve vital para usted, entonces se volverá usted una persona vigilante, con certeza. Tendrá la mirada hacia el exterior y hacia el interior, lo que es, de hecho, la verdadera meditación.

En esta vigilancia damos vida a todo aquello que nos rodea. Lo dejamos ser. Para nuestro verdadero asombro, vemos que todo se vuelve importante, todo adquiere un valor y, sobre todo, reconocemos cada elemento de la manifestación, o si prefiere, cada objeto, en su unicidad. En verdad, si es vigilante, de golpe ve al mundo entero "ser". No hay más juicio de valor que distinga los momentos intensos de los aburridos; los momentos importantes de los insignificantes. Cada instante es perfecto, cada instante es pleno.

– *Más allá del yo*, capítulo "La vigilancia".

La aceptación (ser uno con)

Truth is so simple.
La verdad es tan sencilla.

◉◉◉◉◉

Accept, accept.
Acepte, acepte.

La aceptación es la visión pura y simple de lo que es, aquí y ahora. Es el no-rechazo de que lo que es, sea.

Aquí, ahora, lo que es es. Sobre lo que es, no hay ninguna posibilidad de intervenir. solo podemos intervenir sobre lo que será o no será dentro de un segundo o en un minuto. Se trata de una adhesión a la realidad relativa, instante tras instante, de un no-conflicto con esta realidad.

– *Dialogue à deux voies*, capítulo "La existencia como vía".

◉◉◉◉◉

It cannot be tolerated. It will not be tolerated anymore.
Esto no puede ser tolerado. Esto ya no será más tolerado.

El mismo Swamiji que decía "*Accept, accept*" utilizaba también dos expresiones "*It can't be tolerated*" o "*It will not be tolerated anymore*", "Esto no puede ser tolerado" o "Esto no será más tolerado". ¿Qué matiz hacemos entre aceptar y tolerar? Seamos muy precisos: aceptar, es reconocer que lo que es es. Tolerar implica una acción y no concierne al instante inmediato, sino al futuro.

La aceptación no impide actuar.

– *En busca del Sí-mismo*, capítulo "La aceptación".

⊚⊚⊚⊚⊚

There is no way out except acceptance.
No hay más salida que la aceptación.

Esta idea de aceptación se encuentra en todas las enseñanzas espirituales y, generalmente, es mal comprendida. Corresponde a lo que antaño se llamaba sumisión a la voluntad de Dios. Pero ¿cuál es la voluntad de Dios? Cada quien la interpreta a su manera. La voluntad de Dios es lo que sucede a cada instante, eso es todo. Todo el resto es mental y mentira. esta es la primera verdad que hay que entender, recibir en plena cara como un reto, un desafío que uno puede afrontar o no afrontar. Y, a partir de ahí, podemos actuar. Pero este principio no tolera excepciones.

– *En busca del Sí-mismo*, capítulo "La aceptación".

Se deben distinguir dos puntos. Primer punto: hay una cierta aceptación, o adhesión, o no-creación de otra cosa que no sea lo que es. Este primer punto no admite ningún matiz y ninguna excepción, debe ser tajante como una espada afilada, duro como el cristal. Si admitimos flexibilidad, arreglos, compromisos, se acabó, el camino espiritual se detiene.

El segundo punto es mucho más matizado y solo se vuelve claro poco a poco, a través de los meses y los años: es el de la acción que se sitúa en un clima de reconciliación, la acción que llevamos a cabo a partir de la actitud fundamental del sí. Y en lo que concierne a la acción, es imposible dar una respuesta prefabricada, válida para todos, cualesquiera que sean las circunstancias.

La adhesión que no tolera ninguna discusión, es la que sucede aquí y ahora, sin ninguna consideración del futuro: ES, pero únicamente en el instante. Y es ese "en el instante" lo que hace toda la diferencia y nos permite aceptar que lo que es sea: inmediatamente "sí", y ese sí debe ser total. Es ese sí nuestra verdadera libertad. Nuestra grandeza, nuestra dignidad, nuestra esperanza, es esta capacidad que tenemos de adherirnos totalmente al instante, sin matices, aun si nos encontramos en circunstancias que nos parecen poco propicias a la aceptación. Pero la adhesión de la cual hablo no implica ningún compromiso con el porvenir.[4]

◎◎◎◎◎

See and recognize.
Vea y reconozca.

El mecanismo habitual de la emoción es una división, una dualidad. Me convierto en dos: una mitad que reconoce "Es" y la otra mitad que trata de proclamar "No, eso no es". Trato de gritar más fuerte que la realidad. Una mitad de usted está obligada a constatar "Es" y la otra mitad intenta negar la evidencia que tiene frente a los ojos. Desdoblamiento, división.

---

4. Prefacio de Arnaud Desjardins, *Antologie de la non-dualité,* Véronique Loiseleur, Ediciones de La Table Ronde.

"Es". Punto final. La verdad, en cualquier circunstancia, siempre es una, única. Y yo soy uno y digo "Es". Vea y reconozca. Aquí, ahora, lo que es es.

— *La Voie et ses pièges*, capítulo "La tiranía del pasado".

◎◎◎◎◎

Be advaïta here and now.
Sea no dual aquí y ahora.

"Ser uno con", "*To be one with*", ¿qué significa? En el estado ordinario de confusión, de absorción o de identificación en el sentido estricto del término, estoy totalmente tomado por aquello sobre lo que pongo mi atención. Y ser totalmente *tomado por*, es exactamente el opuesto de *ser uno con*.

Al principio del camino, ni siquiera hay dualidad, hay una falsa unidad, la de la identificación y confusión. Después, hay cierto esfuerzo que es la clara consciencia de la dualidad: está todo lo que es otro que yo y la prueba de esta alteridad es que nada es exactamente como yo lo quisiera. Reconozco sin cesar esta dualidad, le doy el derecho de ser. Finalmente vivo en la verdadera dualidad: estoy yo, está este cuarto que, normalmente y según yo, debería estar en orden y que encuentro en un desorden indescriptible; tengo un medio segundo de no-adhesión, algo surge en mí que dice no; lo constato, veo la dualidad, el cuarto, yo, y regreso a la adhesión, es decir a la no-dualidad.

A partir del momento en que existe esta visión absolutamente nueva del mundo fenoménico, primero, en un acuerdo absoluto con lo que es instante tras instante, segundo, en la permanencia de esta Consciencia idéntica a sí misma y siempre presente, ese mundo fenoménico se revela bajo una luz totalmente diferente de la experiencia habitual. Se revela o se manifiesta como la Gran Realidad. *El día en que la apariencia es verdaderamente percibida, la esencia comienza a revelarse.*

– *En busca del Sí-mismo*, capítulo "La aceptación".

"Ser uno con", atrevámonos a decirlo, quiere decir amar.

–*El camino del corazón*, capítulo "Sarvam kalvidam brahman".

⊕⊕⊕⊕⊕

Not what should be but what is.
No lo que debería ser sino lo que es.

Mire en usted y alrededor de usted, por todos lados hay confusión, desorden, sufrimiento, conflicto. El Maligno está a la obra, porque la negación, el "no debería ser" está a la obra: rechazo que lo que es sea. Y es el Maligno o ese mental quien le separa de la realidad del mundo fenoménico. Si ni siquiera está en relación directa con el mundo fenoménico, con la realidad relativa, ¿cómo puede pretender estar en relación con la Verdad absoluta?

– *En busca del Sí-mismo*, capítulo "La aceptación".

El principio que debe guiarlo siempre es: "No lo que debería ser, sino lo que es". Y solamente lo que es, en lo relativo, puede llevarnos a lo que es en lo absoluto. No hay otro camino.

–*El camino del corazón*, capítulo "Sarvam kalvidam brahman".

*Under all conditions and circumstances, truth is always one without a
second. Mind creates a second.*

Bajo toda condición y circunstancia, la verdad es siempre
una sin un segundo. El mental crea un segundo.

El mental no deja de fabricar un mundo paralelo al mundo real, de comparar el mundo real al mundo de su cosecha y
después, acepta o rechaza el mundo real según este se conforma
al mundo ilusorio de su fabricación. El mental hace esto: crea
"dos". ¿Cómo quiere usted, si vive de esta manera, no sufrir? El
sufrimiento solo viene de esta creación de un segundo por parte
del mental. Si viviera en un solo mundo en lugar de vivir en dos
mundos a la vez, no podría sufrir. El sufrimiento proviene solo
de esta comparación vana y mentirosa. Y más aún, ¡si les diera
la misma importancia a estos dos mundos! Pero lo que es verdaderamente insensato es que el mental considera como mundo
verdadero aquel de su fabricación.

Con el fin de regresar al mundo real es necesario que usted realice este primer cambio que consiste en reconocer que este
mundo es el que es real, y no aquel de su mental,. Y ahí donde
hay dos, no habrá más que uno. Este cambio interior consiste en
dejar de dar la primacía a su mundo ilusorio sino al mundo real.

Lo que puede lograr a lo largo del día, cualesquiera que
sean las condiciones y circunstancias –no hay excepción– es reducir el "dos" a "uno". Es minuto tras minuto, en los pequeños
detalles cotidianos de la existencia, que se gana o se pierde la
partida. Toda circunstancia, la más banal, la más humilde, es inmensa para aquel que está comprometido en el camino.

> – *Más allá del yo*, capítulo "Uno-sin-un-segundo".

Swamiji knows only that much: To be one with.

Swamiji solo sabe esto: Ser uno con.[5]

---

5. Como muchos sabios hindús, Swamiji hablaba de sí en tercera persona.

La aceptación de sí mismo

Accept yourself.
Acéptese.

Cuando en la infancia se nos propuso un grado de perfección que no podíamos lograr, tuvimos la experiencia de estar divididos, y sentimos que estábamos fallando con respecto a un ideal que hubiera adulado nuestra vanidad y nos hubiera permitido sentirnos amados y admirados por nuestros padres y nuestro entorno. Llegamos, pues, a detestarnos a nosotros mismos por ser lo que somos o, según cierta manera errónea de expresarnos, por solo ser lo que somos. Si yo fuera otro —todo eso nos remonta a la infancia—, me sentiría todo el tiempo amado, nunca criticado, nunca rechazado, y lo que es más, admirado. Hay una separación entre lo que quisiera ser y lo que soy, mientras que la verdad es que a cada instante, no puedo ser más que lo que soy. Sobre la base de esta división que no tiene ningún valor espiritual y que conduce al no-amor de sí mismo, no puedo progresar. Un ser dividido no puede crecer, evolucionar. Un ser unificado inevitablemente progresa.

Un punto verdaderamente esencial es no confundir el amor feliz por uno mismo con el amor propio, la vanidad, o la susceptibilidad que, por el contrario, son muestras flagrantes del no-amor hacia sí mismo. Puesto que no puedo amarme a mí mismo tal y como soy, me vuelvo muy vulnerable a la admiración y a la adulación, o al contrario, a la crítica. Al principio podemos sentirnos desconcertados por una enseñanza que nos pide amarnos, cuando se nos ha dicho siempre que es necesario olvidarse de sí mismo para amar a los otros, y que todo el mal viene precisamente del hecho de amarse a sí mismo en lugar de amar a los demás. Por una extraña paradoja, vemos como muy normal que un sabio nos ame incondicional y absolutamente, mientras que nosotros no podemos amarnos porque no somos lo que quisiéramos ser o lo que, según los modelos que se nos propusieron, deberíamos ser.

Hace falta, de una manera o de otra, lograr perdonarse completamente y amarse incondicionalmente gracias al conjunto de todas las prácticas de un camino.

– *Dialogue à deux voies,* capítulo "Trabajando con las emociones".

El camino comienza con el amor de sí mismo y no con la mutilación o la destrucción de sí mismo. Y toda una parte del camino consiste en ocuparse con amor del ego, para permitirle borrarse, agrandarse y transformarse.

– *En busca del Sí-mismo,* capítulo "El estado sin deseos".

◎◎◎◎◎

No denial in any form whatsoever.
Ninguna negación bajo ninguna forma.

Ninguna negación consiste en ver fuera y dentro de usted lo que es.

– *Le vedanta et l'inconscient,* capítulo "La erosión del deseo".

El *denial* es el intento de afirmar que lo que es no es. Pero el *denial* puede también producirse de forma semi-consciente o totalmente inconsciente. En este caso, el *denial* se convierte en aquello que la psicología moderna llama censura, rechazo (repeler lo que nos disgusta en el inconsciente), eso que Swamiji llamaba simplemente *repression*. *No denial*. Jamás negar, denegar, renegar, rechazar, desaprobar lo que es. Ese *denial* es la forma más terrible de mentira. Ya no estoy más en la verdad. Puedo ser bien sincero en la superficie, y estar en *denial* en el interior. Rehúso ver ciertas verdades exteriores con respecto a mí o ciertos amores, ciertos odios, ciertos deseos, ciertos miedos, todo lo que me molesta. Trato de hacer como el avestruz que, al parecer, entierra su cabeza en la arena para no ver el peligro que le amenaza. Y bien, en nuestro caso, no es nuestra cabeza lo que enterramos en la arena, es lo que nos amenaza que tratamos de enterrar en la arena del *denial* para ya no verlo. A partir del nacimiento, prácticamente, una existencia se basa en el *denial*.

Usted puede aceptar esta ecuación: el mental es el *denial*; siempre algo diferente a lo que es: eso debería ser, eso no debería ser.

— *En busca del Sí-mismo*, capítulo "La aceptación".

⦿⦿⦿⦿⦿

Beware of idealism.
Desconfíe del idealismo.

Este aspecto de la enseñanza de Swamiji fue mucho más difícil de entender para mí, porque desde mi juventud yo había compensado muchas de mis debilidades con un sueño de sabiduría y de santidad, y porque la educación religiosa hizo crecer en mí el ideal de un hombre puro, noble, generoso, valiente, una especie de héroe: el verdadero cristiano, el verdadero discípulo de Cristo. Me sentí incómodo cuando vi con qué severidad Swamiji hablaba del ideal. "El ideal es la mentira de aquellos que tienen miedo de la verdad", decía Swamiji. El ideal es la compensación a todas las cobardías, a todas las debilidades. Es cierto.

— *Le vedanta et l'inconscient*, capítulo "La erosión del deseo".

◎◎◎◎◎

Voice of the father says it is bad, Swamiji says it is not bad.
La voz del padre dice que está mal, pero Swamiji dice que no está mal.

Todos ustedes tienen una cierta idea de lo que es el célebre superego del psicoanálisis. En lo que a mí concierne, había recibido de mi padre una educación muy idealista, pero no siempre realista respecto a mis posibilidades del momento. Ciertas acciones que no hubieran tenido ningún sentido de parte de un sabio o de un santo, pero que hubieran tenido sentido en alguien que sigue un camino, me parecían extremadamente culpables. Pero la renuncia mentirosa no me aportaba más que división y frustración. Swamiji me llevaba infatigablemente a mi verdad del momento, haciéndome presentir una libertad que según sus propios términos, constituía por sí sola la dignidad del ser humano. Sobra decir que esta frase es una de aquellas, cuyo recuerdo provoca en mi corazón una gratitud inmensa hacia Swamiji.*[6]

6. Las citas extraídas de grabaciones o de cartas, al no ser de dominio público, no tienen referencias. Se les marca con un simple asterisco.

In the relative, Arnaud, in the relative.
En lo relativo Arnaud, en lo relativo.

Cada vez que yo tenía tendencia a pedirme lo imposible, que yo imaginaba una perfección ilusoria –en otros
términos, que rechazaba mis límites–, Swamiji me regresaba
a la realidad: "En lo relativo, Arnaud, en lo relativo".
No imagine una perfección ideal que no existe.*

⊚⊚⊚⊚⊚

Do you want to be wise or to appear to be wise?
¿Quiere usted ser sabio o parecer sabio?

Esta nostalgia de cierto sueño que lleva usted en sí mismo (el "superego" en psicología moderna o "el ideal de mí
mismo") trata de imitar, pretende, juzga, decide, desprecia.
Usted se identifica con esta demanda que lleva en sí mismo;
y todo lo que no corresponde a ella, todo aquello que no le
conviene, usted lo rechaza.
Hay en usted un personaje que pretende: "Yo soy el
verdadero "yo", desgraciadamente debo arrastrar estos defectos, estas lagunas, estas debilidades. Pero son los defectos, las
debilidades, mientras que mi verdad es la sabiduría; es el ideal.
Esos defectos están ahí pero, a partir del momento en el que
los califico de defectos, yo me distingo, no los asumo, no me
jacto de ser mentiroso, no me jacto de ser débil frente a las
mujeres, no me jacto de ser tímido y delicado, no me jacto de
ser nervioso, no me jacto de dejarme llevar por las circunstancias –yo me juzgo severamente, reconozco que está mal; por
lo tanto es como si yo estuviera libre de todo eso–. A lo que le
asigno verdaderamente valor, es a la sabiduría, a la fuerza…"

Si usted está comprometido con un "camino", su ideal hace que usted no acepte el hecho de no ser un sabio. Pero, ¿desea usted ser sabio o parecer sabio? No se trata del mismo fin, no se trata del mismo camino, no se trata de la misma enseñanza. Una parte de nosotros no quiere que seamos sabios; sería mucho mejor parecer que somos sabios. ¡Fíjese qué dualidad fabrica usted en su interior!

¿Cómo escapar de este callejón sin salida en el que una parte de usted desea hacer entrar en razón a otra parte de usted, es decir que plantea una dualidad? Comprendiendo cómo "ser uno con", aquí y ahora, en lo relativo. Y cada vez que el mental deje de adherirse a la realidad, regresar a lo que es.

– *Más allá del yo*, capítulo "El yoga del conocimiento".

⊙⊙⊙⊙⊙

If I am a devil, let me be a devil.
Si soy un diablo, pues bien, soy un diablo.

Esta fórmula no proclama ciertamente la complacencia hacia nosotros mismos. Responde a la exigencia de la verdad: verse tal cual es, cueste lo que cueste, y no como uno sueña ser. Se aproxima a la condición que Swami Prajñanpad ponía a los aspirantes recién llegados que querían quedarse cerca de él: "¿Está dispuesto a descubrir en usted lo mejor de lo mejor y lo peor de lo peor?" Algunos, al parecer, no pasaban la prueba de esta pregunta, y preferían partir.

Abordamos el camino con una mentalidad común: queremos mejorar, suprimir los aspectos de nosotros que no nos gustan, desarrollar los que nos valorizan. Pero la exigencia del camino es de otro orden; requiere abandonar esta perspectiva dualista en beneficio de la verdad; supone que se esté preparado para perder las ilusiones que se tienen de sí mismo, renunciar a su "imagen", a su sello personal, lo que no se logra sin desgarramientos.

No importa lo que descubramos en nosotros mismos, no se trata de saber si está bien o mal, sino si es o no. La toma de consciencia en sí misma es liberadora, a condición de atreverse a ver a plena luz, con toda su crudeza, ciertos aspectos de nosotros mismos.*

⊚⊚⊚⊚⊚

Can you accept that the worst of the worst is in you and the best of the best is in you?
¿Puede usted aceptar que lo peor de lo peor está en usted y que lo mejor de lo mejor está en usted?

Swamiji utilizaba el peso de su prestancia y de su dignidad, la autoridad que emanaba de su ser, para hacer contrapeso en nosotros con todos los hábitos adquiridos a través de la educación, los buenos modales, los principios, y convencernos de que no había nada de malo y nada de condenable en aquello que había en el fondo de nosotros mismos. Son solamente efectos de causas, los rastros de heridas, de sufrimientos, de fracasos, de sueños no realizados que se han acumulado en nosotros. No solamente no hay nada de malo en "ver" lo peor en nosotros, sino que aquello que está realmente "mal", si se puede emplear esa palabra, es el hecho de no tener el valor de enfrentarse a la verdad.

Es una nueva moral que aparece; la de la verdad y de

la honestidad: ¿qué es lo que existe en lo más profundo de mí? Solo esto. La inmersión en el mundo interior de cada uno debe de hacerse con una nueva ética; una ética científica, el respeto absolutamente sagrado de la verdad, y el deseo, no menos sagrado, de no permanecer en la mentira.

La condenación de sí mismo lo hará vivir en el conflicto y en el miedo. Vivir en el miedo le impide amar, y lo relega al egoísmo. Y esta ausencia de amor es la causa del "mal". Cegándose a lo que usted cree que está mal en el interior de sí mismo, se condena a hacer el mal en su vida corriente por ignorancia y por ceguera.

— *Le vedanta et l'inconscient*, capítulo "La purificación del inconsciente".

⊚⊚⊚⊚⊚

Swamiji tears off the masks.
Swamiji arranca las máscaras.

"Pretender" es una forma de tensión. En el triste resultado de la formación o de la educación que hemos recibido (o más bien dicho, que no hemos recibido), pretendemos. De una manera general puedo atestiguar que en las sociedades tradicionales no degeneradas, no hay, comparado con Europa, *pretensión*. No se busca pretender nada, ser nada diferente a lo que se es. Las personas son ellas mismas. Así los sufís que conocí, no los grandes maestros, sino los discípulos: el panadero de Maimana, el mecánico de Kandahar, el sastre de Tcharikar, el electricista del mercado de Kabul... Hombres que no pretenden, que son ellos mismos y que por lo tanto permanecen relajados.

Comparados a los orientales, los occidentales viven en la pretensión. Su inseguridad es tal que todo el tiempo están obligados a portar máscaras, a pretender ser algo. Esta pretensión que ni siquiera es consciente, constituye también un factor de la imposibilidad de vivir en la relajación total de todas las tensiones. Abandonar esta tensión particular y trágica de la pretensión equivaldría a renunciar a todas las máscaras, a todas las mentiras con las que nos disfrazamos, con las que nos protegemos, para regresar a ser simplemente uno mismo.

Estas máscaras a las que nos adherimos son una prisión. Cuando el gurú las arranca, aullamos; por cuanto estamos acostumbrados a ellas.

Mientras esas máscaras permanezcan ahí, no podrá haber ninguna relajación.

— *En busca del Sí-mismo*, capítulo "El estado sin deseos".

La acción

Imperative necessity is the key to all success.

La necesidad imperativa
es la llave de todo éxito.

⊚⊚⊚⊚⊚

Before any action, check the actor.
Antes de cualquier acción, revise al que actúa.

Si nos quedamos en el terreno riguroso del ES, aquí
y ahora, podemos considerar aquello que se deriva de ello
naturalmente, aquello de la acción que solo toma su sentido cuando el primer punto, es decir la adhesión a lo real,
queda absolutamente claro. ¿Qué acción? ¿De qué manera
voy a tratar de influir en el porvenir? ¿Dónde tengo razón?
¿Dónde me equivoco? ¿Cuáles son las consecuencias de mis
acciones? ¿Qué me hace feliz? ¿Qué no me trae felicidad?
¿Qué me va a hacer progresar en el camino de la desaparición del ego, de la paz inmutable? ¿Cuáles son las motivaciones de mis acciones? ¿Mis miedos, mis deseos? ¿Cómo
funciono? ¿Qué me empuja a actuar? ¿Existe una acción

más justa que las otras y que me hará progresar? Y nos encontraremos todavía durante un cierto tiempo en la duda; no hay que esperar una respuesta inmediata pero hay que ser paciente y perseverante: es el conjunto del camino lo que nos conducirá poco a poco a esta acción justa.[7]

❀❀❀❀❀

To do there must be a doer.
Para actuar, debe haber alguien que actúe.
Para actuar conscientemente, hace falta que alguién esté.

First the doer, then the deeds.
Primero el actuante, luego los actos.

La falta de unidad interior, la sucesión de personajes que surgen y desaparecen en nosotros, reemplazados por otro, la potencia eficaz del inconsciente para empujarnos a reacciones de las que no sabemos las motivaciones verdaderas, todo esto nos impide "hacer", y una primera parte del camino que puede durar varios años consiste en la pérdida de una serie de ilusiones a este respecto y en el descubrimiento experimental de esta incapacidad de hacer.

Durante mucho tiempo, el inconsciente sigue al mando si no se implementa un esfuerzo intenso, prolongado, a veces heroico, ya sea por una inmersión directa en el inconsciente, sea por una visión inmensamente lúcida del funcionamiento de este inconsciente en la existencia.

– *Tú eres Eso*, capítulo "Reacción, acción, espontaneidad".

---

7. Prefacio de *Antología de la no-dualidad*, op. cit.

No puede haber una acción digna de este nombre más que a partir del momento en que ya no hay emoción. Mientras haya la más mínima emoción, sea de miedo, sea de entusiasmo, la acción no es más que una reacción. Al nivel del mental y de la emoción, solo puede haber reacción. La acción comienza al nivel de la verdadera inteligencia y del sentimiento. La reacción está hecha para mí en calidad de ego, la acción es llevada a cabo en función de una necesidad que sobrepasa las atracciones y repulsiones del ego. La diferencia más manifiesta entre la reacción y la acción es que la reacción no toma en cuenta más que un número pequeño de parámetros de una situación dada. La acción justa toma en cuenta todos los elementos que componen la situación. El mental solo ve ciertos elementos, aquellos que le causan particularmente miedo o aquellos que le atraen particularmente, y está ciego a los elementos que no conciernen a sus emociones. La inteligencia,[8] en lugar de pensar una situación, la ve y la reconoce tal cual es. Tiene en cuenta la totalidad de esta situación de manera neutra, objetiva.

— *En busca del Sí-mismo*, capítulo "Mahakarta, mahabhokta".

Debo ser un actuante. Que esté yo ahí, yo, vigilante, y no una emoción, y no un impulso, y no una reacción. Que yo esté ahí, yo, cada vez más completo, íntegro, unificado, enteramente presente, para apreciar la situación y actuar. Y que actúe con la visión de una situación total y no solamente de un elemento.

— *Tú eres Eso*, capítulo "Reacción, acción, espontaneidad".

◎◎◎◎◎

---

8. *Buddhi*, en sánscrito, la inteligencia objetiva.

Don't mistake reaction for action.
No confunda la reacción con la acción.

A través del conocimiento de sí, usted descubrirá poco a poco, y eso ya es muy importante, que usted no actúa. Es un descubrimiento, porque los hombres viven en la ilusión de actuar: mecanismos todopoderosos están en marcha en usted, sobre los que al principio no tiene ningún poder, que no toman en cuenta la realidad del mundo fenoménico, y que le condenan a vivir en su mundo. Estos mecanismos obedecen implacablemente y estúpidamente a su propia ley. Algunos destinos fueron devastados por este tipo de reacciones y, visto desde fuera, parecería no ser más que una serie de errores. Un primer aspecto de la visión de lo real es el divorcio doloroso, trágico, entre la mayoría de las existencias y la realidad relativa. Consiste en ver, alrededor de sí, a los otros, movidos por sus propios mecanismos, ir de reacción en reacción a lo largo de una existencia hecha de sufrimientos.

Tú eres Eso, capítulo "Reacción, acción, espontaneidad".

Actuamos sin cesar, todo el tiempo, pero el hombre, comúnmente, no actúa conscientemente. Sus acciones no son acciones sino reacciones a estímulos o a golpes del exterior. Estas reacciones producen efectos, consecuencias que a veces son las que queríamos obtener pero que también conllevan todo tipo de consecuencias que no habíamos querido ni previsto. Para escapar a estas consecuencias de nuestras acciones, nos vamos a involucrar con otras acciones que traerán frutos que no habremos querido, y así sucesivamente...

El primer error, o la primera ilusión, es considerar que desde el principio, sin pasar por una disciplina que es una verdadera educación, usted está unificado para decidir o actuar.

Si un ser humano está simplemente llevado por lo que le gusta, lo que no le gusta, sus deseos y sus miedos, no hay fin a este encadenamiento de acciones, de efectos a las acciones y de la necesidad de nuevas acciones. No hay más que la trágica ceguera, irresponsabilidad, ausencia total de libertad: marionetas movidas por las circunstancias exteriores, tratando de detener los golpes minuto a minuto o tratando de realizar los deseos que surgen de la profundidad de nosotros mismos hasta la superficie y que nos arrastran. Cosechamos lo que hemos sembrado, y es imposible romper las cadenas de causas y efectos e impedir que las acciones produzcan sus frutos. Cada quien actuará según sus motivos personales egoístas —es decir, concernientes al ego, aun si se trata de acciones que llamamos altruistas— y después tendrá que asumir las consecuencias de ellas.

— En busca del Sí-mismo, capítulo "Karma y dharma".

⊚⊚⊚⊚⊚

What is the justice of the situation?
¿Cuál es la justicia de la situación?

Casi todos sus comportamientos son movidos no por la necesidad de la situación sino por sus necesidades interiores. No son respuestas, son reacciones. Ni siquiera "impulso" sino más bien "compulsión": me veo obligado.

— Tú eres Eso, capítulo "Del niño al sabio".

¿Qué puede permitirle actuar sin crear cadenas de acciones y reacciones? La acción no egoísta. "¿Qué debe ser hecho? Y no: "¿Qué es lo que yo tengo ganas de hacer?" por mi seguridad, por mi alegría. Por supuesto que buscamos la felicidad, la seguridad y la alegría. Pero aparece un día una actitud que es la actitud religiosa: "Buscad primeramente el Reino de Dios y su justicia, y todas las demás cosas os serán dadas por añadidura". Tenga confianza en la Providencia o, en otros términos, sométase a la marcha del universo; sea cosmocéntrico y ya no egocéntrico. ¿Qué necesita ser cumplido? Es todo. La acción es una respuesta, la respuesta justa que se impone. Ya no me pregunto más, en el instante mismo, de qué tengo ganas, sino en ese instante, qué debe ser hecho.

— *Tú eres Eso*, capítulo "Reacción, acción, espontaneidad".

◎◎◎◎◎

The perfect action for you is what will conduce to your happiness at the time, place and circumstance you find yourself in.
La acción perfecta para usted es aquella que contribuirá a su felicidad del momento, en el lugar y en las circunstancias en las que se encuentra usted.

¿Cómo saber, al actuar, si va o no en el sentido justo? El criterio de que su acción hacia el otro es justa, es su sentimiento íntimo de tranquilidad, de bienestar, su paz en el corazón, su unificación interior. En cuanto no estamos en la verdad, sentimos una forma u otra de malestar. No tenemos esta impresión de bienestar perfecto que puede subsistir aun en condiciones difíciles.

Se vuelve a presentar siempre la misma pregunta: ¿acción o reacción? ¿Estoy actuando conscientemente o bien compulsivamente?

Si quiere ahondar en profundidad, meditar o rezar para saber mejor la acción que le incumbe, hágalo. Desde la profundidad de sí mismo, de un nivel más real en usted, la respuesta surgirá poco a poco y lo guiará. Así es, aquí y ahora, lo que la situación me pide, lo hago y es todo. No debe agregarse nada: es lo que sentí justo hoy, tratando de callar mi egoísmo lo mejor posible, de salir del mundo limitado de mis aversiones y mis tendencias naturales, teniendo en cuenta todos los parámetros de los que pude estar consciente. Estos parámetros incluyen no solo el contexto en su conjunto sino también a usted mismo, que está inserto en ese contexto, incluyendo sus emociones del momento. Es una manera de situarse en cada instante: para mí, tal cual soy, ¿qué es lo justo, aun si esto no corresponde a la moral oficial? Quizás en cinco años la acción justa para usted será hacer lo contrario de lo que hace hoy.

Esto es lo que debe ser hecho, teniendo en cuenta la totalidad de la situación, todos los parámetros, tanto como lo puedo sentir hoy, y aceptando por supuesto, de todo mi corazón, las consecuencias felices y nefastas de mi acción.

— *Releyendo los Evangelios*, capítulo "El bien y el mal"

⊚⊚⊚⊚⊚

Deliberate living.
Vivir conscientemente.

Una vida llevada en la incoherencia no puede conducirle a la libertad interior. No es posible progresar si la existencia entera no se reorganiza. Hay muchas razones pero una de las más importantes es que poner orden en su existencia le permite ahorrar muchísima energía. Tiene más o menos suficiente energía para vivir de la manera común, es decir, en el sueño, sin vigilancia, sin consciencia de sí. Pero para que la vigilancia se establezca como puerta abierta a los estados superiores de consciencia, se requiere una energía fina, sutil. Ahora, cada vez que queremos refinar cualquier cosa, se necesita una gran cantidad de materia burda para obtener una pequeña cantidad de energía ordinaria. Requerimos una gran cantidad de energía ordinaria, de energía burda, para poder disponer de esta energía fina que permite la presencia a sí y el sentimiento de sí, que son el camino a la Consciencia de Sí-mismo.

No hay inmensas posibilidades de aumentar su abastecimiento de energía. Pero lo que le es posible es disminuir, en proporciones que no sospecha, su desperdicio de energía. Y el medio más eficaz para liberar esta energía en lugar de desperdiciarla a diestra y siniestra, es revisar su existencia y ver en todas partes dónde debe reemplazar la incoherencia por la consciencia, y el desorden por el orden justo, el dharma. Si quiere verdaderamente lograr su despertar, descubrirá que hay numerosos aspectos de su existencia que pueden ser transformados, puestos en orden. Es lo que Swamiji llamaba la vida consciente, *deliberate living*, una vida que uno decide, que uno dirige a sabiendas cada pequeño detalle.

Esta existencia purificada, de la cual todo acto inútil es eliminado, lo conducirá a una fineza de percepción que permite despegarse de la pesadez habitual. Puede sentir que existe el movimiento de pesadez que lo mantiene en el sueño y un movimiento que lo eleva. Sabe que el momento más difícil para los pesados Boeings de hoy día es el despegue, donde el consumo de carburante es el más intenso. Más adelante, cuando el avión alcanza su velocidad de crucero, consume menos carburante que cuando debe arrancarse del "suelo". Esto tendrá que vivirlo un día y sentir que finalmente dejó el nivel habitual de acción y reacción, de emociones, de pensamientos que giran dentro de un mismo círculo, que pasó usted a otra dimensión a través de ese "despegue" interior.

– *Más allá del yo*, capítulo "Vivir conscientemente".

⊚⊚⊚⊚⊚

What, why, what for, how?
¿Qué, por qué, para qué, cómo?

La vida justa es un funcionamiento consciente, deliberado. El hombre debe ir hacia adelante en el viaje de su vida con los ojos abiertos: ¿qué?, ¿por qué?, ¿con qué objetivo?, ¿cómo? En el camino hacia el Sí-mismo, el hombre no debe hacer ninguna acción sin propósito. Actuar sin saber por qué lo hacemos, cuando ni siquiera se sabe que estamos actuando, significa que funcionamos para nada, que nuestra existencia no es nada y que no vamos a ninguna parte. En una vida consagrada a la verdad, ningún acto es posible sin que ese acto tenga una razón y un objetivo. Esta vigilancia se vuelve posible progresivamente, primero con esfuerzo, después sin esfuerzo.

– *Monde moderne et sagesse ancienne*, capítulo "El camino del ser".

⊚⊚⊚⊚⊚

Be what you appear to be, do what you appear to do.
Sea lo que parece ser, haga lo que parece hacer.

El camino está hecho de verdades contundentes de las que no se saca todas las conclusiones ni todas las consecuencias. O bien estoy en una situación, o bien no estoy en ella. Es lo uno o lo otro, no hay una tercera opción. O bien hago algo, o bien no lo hago. Y si hago algo, debo hacerlo bien, hacerlo completamente, hacerlo como buen actor, un buen elemento, un buen actuante. Si, por ejemplo, muy a mi pesar, estoy esperando el autobús bajo la lluvia, me encuentro, justo ahora, en el papel del hombre que espera el autobús bajo la lluvia. Debo desempeñar ese rol de manera perfecta. Si observa su propia existencia o la de los otros, verá cuán rara es esa plenitud en el instante, cuántos minutos transcurren en los que rechaza jugar bien ese papel, en los que no es lo que aparentemente es, en los que no hace lo que aparentemente hace. Yo soy aparentemente alguien que está esperando el autobús bajo la lluvia. Interiormente, soy todo menos eso. Soy alguien que rechaza esperar el autobús bajo la lluvia. "Sea lo que aparenta ser".

– *En busca del Sí-mismo*, capítulo "Karma y dharma".

Ser implica ser plenamente, aquí y ahora, mientras que el mental tiene tendencia a crear una división, una dualidad, una pantalla, una separación. Lo que mantiene, lo que sostiene,[9] es esta verdad del ser, instante tras instante, esta conformidad entre la profundidad y la apariencia, esta conformidad entre lo que se es y lo que se supone ser. El camino consiste en esforzarse en ser lo que lo que se supone ser,

9. El *dharma*, en sánscrito. Este término se retoma y explica en el capítulo "El camino para 'ser'".

lo que se supone que se sea: un sacerdote puede esforzarse en ser un sacerdote, un médico en ser un médico –no un buen sacerdote o un buen médico–, sino simplemente y más justamente, un sacerdote verdadero, un médico verdadero. La dignidad del hombre está en el esfuerzo.

— *Monde moderne et sagesse ancienne*, capítulo "El camino del ser".

◎◎◎◎◎

Internally, actively passive; externally, passively active.
Interiormente, activamente pasivo; exteriormente, pasivamente activo.

"Exteriormente, pasivamente activo", quiere decir activo pero con un no-actuar, un soltar la presa, una sumisión interior. Y, ¿por qué "interiormente, activamente pasivo"? Si usted no ejerce cierta actividad para volverse pasivo, no será interiormente silencioso: estará agitado, vendrán pensamientos. El más mínimo impulso motriz es una acción, un pensamiento es una acción mental. Si usted se contenta con no hacer nada, "acuéstese, relájese, haga el vacío, no piense en nada", en lugar de no pensar en nada, va a ser atrapado por las asociaciones de ideas, las distracciones y no estará en absoluto pasivo. Visto desde fuera, permanecerá inmóvil, pero ¿interiormente? Exteriormente, sea pasivamente activo, como un instrumento de la verdad teniendo una comprensión superior a la comprensión ordinaria del mental. Interiormente, sea activamente pasivo, vigilante.

— *Approches de la méditation*, capítulo "Cabeza, cuerpo y corazón".

◎◎◎◎◎

What you have to do, do it now.
Lo que tiene que hacer, hágalo ahora.

"Lo que tiene que hacer, hágalo ahora" forma parte del orden y de la mentalidad que aquellos que no aceptan más excusas frente a sí mismo. Lo que tengo que hacer, lo hago ahora, no al rato, no en la tarde, no mañana. Habrá excepciones, pero quedarán excepcionales.

¡Cuánta energía desperdiciada al postergar para mañana! Una voz desde la profundidad grita: "Debería haber hecho esto" y usted la reprime, la ahoga. Una parte de su energía reclama: "Hay que hacerlo", mientras que si estuviera hecho, esta energía no se utilizaría en ese remordimiento. Y otra parte dice: "Cállate, no quiero saber".

Ahora bien, el camino requiere que usted tenga la mayor cantidad posible de energía a su disposición. No hay pequeños ahorros de energía: los pequeños desperdicios de energía a lo largo del día terminan por hacer, al cabo de la semana, grandes despilfarros. Y usted no tiene suficiente energía "burda" para poder refinarla en energía "sutil" que le dé una inteligencia aguda. Se requiere una energía sutil para poder desprenderse de la pesadez y de la torpeza habitual y la energía refinada es producida a partir de una gran cantidad de energía ordinaria. No obtendrá esta cantidad de energía ordinaria más que suprimiendo el desperdicio. Y posponiendo para mañana lo que puede hacer hoy desperdicia inevitablemente energía.

– *Un grain de sagesse*, capítulo "No hay excusas".

Una pequeña parte de la enseñanza de Swamiji –pero una parte que no es posible ignorar– consistía en escuchar de la boca de un gurú palabras simples y conocidas pero a las que Swamiji daba una gran importancia.

Si comenzamos a decir de una enseñanza: "tomo lo que me interesa y dejo lo que me parece menos importante", el mental ha ganado totalmente. Porque no sabemos lo que es importante y lo que no lo es, tratamos con condescendencia ciertos aspectos de la enseñanza que forman un todo.

"Lo que tiene que hacer, hágalo ahora" es una frase del gurú que no atañe al sentido común o a la buena voluntad sino a un gran conocimiento, al conocimiento sagrado. Fue poniendo esta frase en práctica, poco a poco a través de los años, que descubrí su importancia, que no sospechaba al principio. Yo pensaba que, simplemente, ¡ah! es una buena costumbre, como se dice. Es mucho más que eso. Las instrucciones de este tipo tienen un valor verdaderamente "esotérico", es decir, nos llevan a nuestra transformación interior en el sentido más elevado: del conflicto a la reunificación, del desperdicio de energía a la transformación de la energía para volverla más y más sutil; de la ceguera del mental, que nos vela la realidad, al mundo tal cual es de instante en instante.

– *Más allá del yo*, capítulo "Vivir conscientemente".

◎◎◎◎◎

You can!
¡Usted puede!

Swamiji nos preguntaba: "¿Qué es lo que quiere? Y ¿por qué no?" Era un psicólogo admirable que sabía eliminar las inhibiciones, los complejos, los miedos, la culpabilidad inútil. De todo lo que no era criminal, Swamiji nos decía: "Sí, puede".

Me había impresionado fuertemente en mi juventud el título de un libro que no tenía ninguna pretensión de sabiduría. Es la obra de una estrella del mundo del espectáculo estadounidense, Sammy Davis Jr., que decía: "Soy uno de los pocos hombres que puede jactarse de ser a la vez negro, judío y tuerto". Habiéndose casado con una mujer blanca y hecho escándalo en Estados Unidos, escribió un libro titulado: *Yes, I can.* "Sí, yo puedo." Y yo sentía que en tantos campos la verdad era: "*I cannot*", "No puedo, eso no se hace, nunca me atrevería" y que yo no estaba unificado. No era ni la comprensión, ni el amor al prójimo, ni el desapego, sino el miedo de afirmarme, la timidez, los prejuicios, la incapacidad. Y Swamiji actuaba como un psicólogo: "*You can*", "Sí, Arnaud, usted puede."

– *Approches de la méditation*, capítulo "La erosión de los obstáculos".

⊚⊚⊚⊚⊚

Be bold.
Sea audaz.

"*Be bold*", decía Swamiji, sea audaz. No busque siempre el confort, las pequeñas respuestas y, sobre todo, trate de superar la primera barrera de sus condicionamientos, aun por decisiones que le comprometen y le cuestan.

– *Un grain de sagesse*, capítulo "He aquí el Hombre".

Una cierta audacia resulta necesaria en la existencia. "*Be bold*" nos repetía Swamiji. No puede llevar una vida de pequeño burgués timorato. El buscador de la verdad se ha comparado tradicionalmente con un héroe intrépido que se aventura fuera de los caminos trillados, un caballero que enfrenta monstruos y dragones.

Por la Patria o por la Resistencia, que son causas menos elevadas que la de Dios, algunos hombres han tomado riesgos enormes. Hombres y mujeres, numerosos en todos los países de Europa, se han expuesto a todos los peligros en lugar de dormir tranquilamente en su cama. ¿Acaso el buscador espiritual no sería capaz también de tomar riesgos? Fuera de la puesta en práctica cotidiana de las verdades de la enseñanza, hay momentos en que el destino espiritual llama a nuestra puerta y hay que saber aprovechar la ocasión que se presenta.

Si está sediento de curación, sin importar qué tan enfermo espiritualmente esté, tendrá esta audacia. Conoce probablemente la frase "Dios vomita a los tibios". Es tan verdadera. Hay una cierta locura a los ojos de los hombres que es sabiduría a los ojos de Dios, no solo en el sentido último de las palabras sino en la manera de llevar esta existencia.

Cada quien tiene su destino que cumplir. No imite, no copie. Pero lo que puede escuchar es una afirmación categórica: no llegará a nada en el camino si no quiere tomarse la molestia. Sea audaz. Tome riesgos, busque, vuelva a buscar, busque por todos lados, busque de todas formas, no deje escapar la ocasión, ninguna posibilidad que el destino le dé, y no sea tacaño, mezquino tratando de regatear el precio.

— *L'audace de vivre*, capítulo "El enfoque positivo".

◎◎◎◎◎

Live what you know and you will know more.
Viva lo que conoce y conocerá más.

Conocemos lo que somos. Viva lo que conoce y a través de esta puesta en práctica conocerá más. Su conocimiento, es decir, su experiencia, lo que le pertenece verdaderamente, crecerá.

Desde su infancia, los padres, la familia, los educadores, la gente bien pensante, todos han volcado en usted sus propias opiniones, a tal punto que ya no sabe lo que le pertenece propiamente y que es la expresión de su verdad, y lo que son dimes y diretes, imitaciones, que nunca ha buscado verdaderamente verificar. Siempre hemos creído que era así porque siempre así nos lo dijeron. Todo esto concierne a las opiniones, y para desarraigar estas opiniones y remplazarlas con certezas, no hay más que la prueba de la puesta en práctica y de la acción.

Actuando conforme a lo que conoce podrá conocer aun más, es decir, aumentar su experiencia y sus certezas. Y actuando verá si usted se equivoca, lo que a menudo es inevitable. Cuando se tiene el valor de lanzarse al mundo, a lo desconocido, aun si uno es guiado, uno se equivoca. Equivocarse forma parte del camino. Acepte de antemano la idea de que inevitablemente se volverá a equivocar. Se equivocará con respecto a sí mismo, llevará a cabo acciones que no le darán satisfacción, con las que no estará unificado, ya sea antes, durante o después, y se arrepentirá. La acción le permite equivocarse verdaderamente, evidentemente, claramente. Quien no intenta nada no tiene nada. Quien no arriesga nada no puede progresar. Es la comprobación de la verdad: lo veo, el resultado está ahí, flagrante, que me muestra que me equivoqué. La acción provoca las verdaderas preguntas.

— *Más allá del yo*, capítulo "Vivir conscientemente".

⊙⊙⊙⊙⊙

Joy is in action, not in planification.
La alegría está en la acción, no en la planeación.

Todavía oigo a Swamiji decir esta palabra "*DO!*", "¡Actúe!". "La alegría está en la acción, no en la planeación". Entre mis recuerdos más intensos de Swamiji, está esta incitación a la acción, no en el dominio propiamente espiritual sino en el dominio de nuestras existencias concretas: emprenda, lleve a cabo, realice, logre –lo que usted quiera–.

Es en el mundo en el que vivimos, que no es el mundo de los monjes zen ni de los monjes trapenses, donde tenemos que actuar conscientemente, deliberadamente, lúcidamente.

— *La Voie et ses pièges*, capítulo "La acción liberadora".

⊙⊙⊙⊙⊙

Act is always right, even if action is wrong.
El acto siempre es correcto, aunque la acción sea errónea.

Así se expresaba Swamiji: "El acto es justo aun si la acción es errónea". Esto no puede ser verdaderamente comprendido al comienzo. Un hombre hecho un manojo de nervios, al borde del sufrimiento, arrebatado por sus emociones, llega, en su desesperación y su cólera, a sacar un revólver de un cajón y a dispararle a su esposa. En cuanto a la acción, la acción es errónea: un padre no dispara a la madre de sus hijos. Cuando Swamiji establece una diferencia entre el acto y la acción, no está hablando de un ser que ha llegado al final de su propio camino, en quien el acto y la acción son siempre una sola y misma cosa, sino de un ser que se encuentra todavía en la dualidad, el mental y el conflicto. El sabio no llevará a cabo una acción errónea: el acto será justo y la acción será justa.

El comportamiento de aquel que todavía no está liberado, por lo tanto que no tiene libertad, es la expresión del encadenamiento inexorable de causas y efectos. Todo un conjunto de innumerables cadenas de acciones y de reacciones está obrando en cada acto de cada hombre. Innumerables como los granos de arena del océano, estos encadenamientos de causas y efectos contribuyen a que, en cierto momento, en cierto lugar, una cierta acción se produce. En ese sentido, esta acción es justa. Exactamente como cuando usted hace una operación matemática, acaba por encontrar un cierto resultado que es justo.

Un ser humano actúa porque no es libre de actuar de otra manera.

Swamiji expresaba la misma enseñanza diciendo: "Nadie ha actuado jamás con la convicción de hacer el mal, cada quien ha actuado siempre sintiendo en ese momento que lo que hacía estaba bien".

— *En busca del Sí-mismo*, capítulo "Karma y dharma".

◎◎◎◎◎

Remember always this: nobody does any wrong at any time, in any condition, in any circumstance.
Recuerde esto siempre: nadie hace el mal en ningún momento, bajo ninguna condición, bajo ninguna circunstancia.

Ningún hombre actúa jamás con la convicción de que lo que hace está mal. Cierto, puede saber que su acto es contrario a la concepción del bien y del mal que le ha sido enseñada o contrario a la concepción prevaleciente de la sociedad donde vive. Ciertamente, antes de cometer el acto, puede tener dudas o sentirse dividido y, después de haberlo cometido, considerar que ha cometido un error, experimentar remordimiento, etc. Pero en el momento, un ser no puede actuar y no actúa más que si su acto le parece como el bien en la circunstancia inmediata y si se siente justificado al cometerlo. En la confusión, en la incertidumbre, no puede haber acción. En el instante mismo de actuar, se requiere una decisión positiva: "Es importante para mí actuar así", "Obtendré un resultado que para mí tiene un valor". Nadie ha hecho nunca "el mal", nadie jamás "ha cometido un pecado" deliberadamente. Sea lo que sea lo que se haga, en el instante del acto, se hace con la certeza de que es justo y benéfico. "Debo hacerlo" y aún: "No puedo no hacerlo". Si no, no se haría. Este hombre está obligado a actuar así porque una serie de causas lo ha llevado a esta situación interior y exterior. Y si actuara de otra manera es que estaría obligado a actuar de otra manera. "Podía escoger", "Él escogió", se dirá. Tal como estaba situado y con respecto al contexto, tal como pensaba, tal como era su emoción, no podía no escoger así como lo hizo.

El hombre actúa de acuerdo al bien que él concibe a cada instante. Por esto es que nadie puede juzgar ni censurar a nadie. Así, en su calidad de acto, o metafísicamente hablando, ningún comportamiento humano puede ser juzgado o condenado. En cambio, ya que como "acto" un gesto siempre es justo, como "acción" no siempre lo es. Toda acción humana trae consecuencias a su autor y a los otros, y esas consecuencias pueden ser traumatizantes, contrarias al progreso personal y al crecimiento interior, creadoras de sufrimientos inútiles, etc. Prever las verdaderas consecuencias de sus acciones requiere objetividad y visión justa, de las que el hombre ordinario está más o menos completamente desprovisto.

– *Les chemins de la sagesse*, capítulo: "Librarse del bien".

⊚⊚⊚⊚⊚

I ought to do but I cannot do is a lie.
Decir "debo hacer, pero no puedo", es una mentira.

Si no puede hacerlo, no debe hacerlo. Esto es todo. Eso es: ser. O lo hago, o no lo hago. Pero si lo hago, no lo hago a medias o a tres cuartos. Desde el punto de vista de la vía espiritual, esta división es una tragedia. Reunifíquese, no sea dual, dividido, conflictivo.

– *Regreso a lo esencial*, "Reunión del cuarto día".

Emotionally accept, intellectually think what can be done if anything is to be done. In action, do it.

Emocionalmente, acepte; intelectualmente vea qué puede hacerse, si algo debe ser hecho. En la acción, hágalo.

Mend or end – or accept.

Mejore o ponga fin – o acepte.

Swamiji retomaba el proverbio inglés: "Mejore o ponga fin", al cual le agregaba: o acepte. Si lo miramos bien, no hay otra alternativa posible. Pero el mental siempre está situado a medio camino: no trata de mejorar ni de poner fin a la situación a través de una acción concreta y se contenta con quejarse o gemir. O, si se da cuenta que no puede mejorar ni poner fin, prefiere continuar quejándose en lugar de rendirse a la evidencia y suprimir el conflicto aceptando lo que no puede ser cambiado.

Esta fórmula puede acercarse a la oración de Marco Aurelio, que ha sido retomada por el movimiento de Alcohólicos Anónimos: "Dame la serenidad para aceptar las cosas que no puedo cambiar, el valor para cambiar lo que puedo cambiar y la sabiduría para reconocer la diferencia*."

◉◉◉◉◉

How to make the best out of the worst?

¿Cómo sacar lo mejor de lo peor?

¿Cómo puedo sacar lo mejor de una situación que no parece inmediatamente feliz? En esas situaciones, uno rápidamente piensa que ¡no debería ser así! Pero este juicio no cambia nada a los hechos. Si se apoya en la verdad, puede usted atenuar las cosas mucho más de lo que cree, pero siempre en comunión con la realidad. Muy a menudo, la verdad no es feliz a primera vista –a primera vista, porque no sabemos lo que es fundamentalmente feliz o infeliz–. Si no quiere apoyarse en la verdad, agravará la situación y perderá su energía en pensamientos inútiles.

– *Regreso a lo esencial*, "Reunión del cuarto día".

⊚⊚⊚⊚⊚

Swamiji does not act, an action takes place.
Swamiji no actúa, una acción se lleva a cabo.

El sabio no es más que un instrumento y, aun si está o parece muy activo, no hace nada: todo se hace a través de él o por él. Esta acción ha sido llamada no-acción porque es impersonal. Es casi imposible representarse cuál es la acción de aquel que ya no tiene un objetivo, ni requerimientos ni rechazos, su acción que es solo una respuesta.

– *Tú eres Eso*, capítulo "Del niño al sabio".

Reacción, acción y respuesta. Antes de comprometerse en el camino, usted es arrastrado, impotente, por las olas. A lo largo del camino, usted nada. Al final del camino, flota de muertito. Antes de comprometerse en el camino, es llevado. A lo largo del camino, lleva. Al final del camino, es sostenido. Ya no es usted quien actúa, sino la energía divina que actúa a través de usted.

– *Tú eres Eso*, capítulo "Reacción, acción, espontaneidad".

Segunda parte
El estudio de la prisión

La emoción

Emotion and feeling.
Emoción y sentimiento.

Conocemos a través de nuestras ideas y conceptos nuestra capacidad de aproximar las causas y los efectos. Y conocemos también a través de nuestro corazón. El conocimiento del más alto nivel posible es una función del corazón. ¿De cuál corazón, precisamente? Una de las mayores causas de confusión y de mal entendido es que el corazón humano, el lugar mismo de los miedos y deseos, del apego, del ego, ese corazón, tal como es ahora, no puede ser de ninguna manera instrumento de conocimiento. Es por ello que la expresión "purificación del corazón" es tan fundamental. Es con un corazón purificado que se puede acceder a un conocimiento real.

Existen dos funcionamientos diferentes: uno que podemos llamar la estupidez del corazón y que es la condición ordinaria del ser humano, fuente de error e ilusión. Y otro funcionamiento que es la inteligencia del corazón.

– *El camino del corazón*, capítulo "En defensa del corazón".

Con respecto a la emoción, podemos considerar al sentimiento como la apertura del corazón. La emoción, a la inversa, representa siempre una retracción del corazón, cuando no una cerrazón completa en la emoción negativa que usted sigue repitiendo.

— *Approches de la méditation*, capítulo "El control de los pensamientos".

◎◎◎◎◎

Emotion is an unnecessary luxury.
La emoción es un lujo inútil.

La emoción, nuestra manera subjetiva de percibir la realidad en referencia a nosotros, no es indispensable para vivir. Representa inclusive un fuerte desperdicio de energía, un "lujo inútil". Es cierto que este es el punto de partida de todo ser humano y Swami Prajñanpad, que había trascendido las emociones decía de sí mismo, recordando el pasado: "*The young man was only emotion*", aquel joven tan solo era emoción. Por lo tanto él había conocido, como cada uno de nosotros, la condición común: el poder que tiene la existencia de modificar nuestros estados interiores —mientras no hayamos iniciado un trabajo consciente y metódico para salir de este "estatus de esclavo".*

A su alumno Arnaud, quien se había comportado sin consciencia en cierta situación, causando así malestar a otra persona, Swamiji escribió un día:
Carried away by your emotional blindness, you have gone down below human level. Arrastrado por su propia ceguera emocional, usted descendió por debajo del nivel humano.

◎◎◎◎◎

It is the status of a slave.
Es la condición de un esclavo.

"Es un estado de esclavo", decía Swamiji. Esta esclavitud es debida a usted, y no a los acontecimientos. Estos tienen poder sobre usted, de acuerdo, pero esto se debe a que usted funciona de cierta manera. Eso depende de usted, a un funcionamiento emocional, y aun a un funcionamiento físico. Ni siquiera puede evitar los fenómenos fisiológicos que acompañan a la emoción, y no puede evitar que sus pensamientos se precipiten en cierta dirección. "Yo" no tengo poder sobre mi manera de funcionar. El conjunto de esos funcionamientos representa lo que llamamos el "mental". Pero ese mental puede desmantelarse. Eso es lo que llamamos la Liberación.

Entonces, "yo" soy un esclavo de mis propios funcionamientos, y "yo" podría liberarme de ellos. Lo que es más, si los funcionamientos en cuestión son muy a menudo fruto de un estímulo exterior visible, tal como un evento que le colma de alegría o que le hiere profundamente, ocurre también que usted no puede encontrar el origen de esas modificaciones interiores. ¿Por qué las angustias nacen en usted, las aprehensiones, las ansiedades, sin una razón válida? ¿Por qué ciertas mañanas se levanta usted feliz, seguro de usted, el mundo es bello, todo va a salir bien, y ocho días después está usted deprimido? *Y descubre que esta falta de poder, esta esclavitud ante sus funcionamientos está ligada a una falta de conocimiento de sí.* ¿No es asombroso vivir y conocerse tan poco? Las cosas pasan en usted sin darse cuenta. Usted es un misterio para sí mismo.

— *Pour une mort sans peur*, capítulo "Un camino concreto".

You are nowhere, you are a non-entity.
Usted no está en ninguna parte. Usted es una no-entidad.

Ser arrastrado por, estar identificado, significa que ya no existo. "Usted no está en ninguna parte", "Usted es una no-entidad", decía Swamiji. Ahí no hay más que pensamientos, emociones, sensaciones que se suceden unos tras otros; aparte de cierta forma física que subsiste, el cuerpo, y una definición, el nombre. Ya que el cuerpo está ahí, siempre el mismo cuerpo, y el nombre está ahí, siempre el mismo nombre, hay esta ilusión de ser constante. Es necesario por momentos, haber tomado consciencia de sí y haber vivido "Yo soy", en el sentido verdadero de la palabra, para comprender, por comparación, que ese "Yo soy", nunca está ahí.

– *En busca del Sí-mismo,* capítulo "La aceptación".

Swamiji decía *"There is no I"*, "No existe el Yo", "Usted no está en ninguna parte". Esto le parece evidente cuando usted se está dejando llevar, cuando se precipita al teléfono sin siquiera tomarse cinco minutos de reflexión para llamar a alguien para reclamarle, o suplicarle, montado en cólera, en la desesperación, o en la pasión amorosa. Pero es verdad también en las circunstancias ordinarias de la existencia donde los acontecimientos se producen mecánicamente sin que los apreciemos conscientemente. Esfuércese por estar siempre ahí presente en sí mismo, presente ante usted mismo, para apreciar todo, aun una cosa simple como comerse un pan tostado con mantequilla en el desayuno.

– *Una vida feliz, un amor feliz,* capítulo "Acción, experiencia, conocimiento".

◎◎◎◎◎

Emotion is never justified.
La emoción no se justifica nunca.

Esta afirmación de Swami Prajñanpad ha dado lugar a bastantes malentendidos, ya que muchas personas la han entendido como "no hay que tener emociones" y, bajo esta base falsa, han intentado suprimir las emociones desde que estas aparecen, llegando así a un terrible callejón sin salida.

"La emoción no se justifica nunca" no quiere decir "usted no debe de tener emociones". Más bien quiere decir: la emoción no puede tener una justificación objetiva. No podemos escondernos detrás de una situación, un acontecimiento, para darnos la razón por tener una emoción. La emoción no surge de una situación externa; surge de nosotros, de nuestra manera de ver las cosas, de nuestro condicionamiento propio, de nuestra sensibilidad, de nuestro pasado personal. La prueba de ello es que en la misma situación otra persona no se afecta de la misma manera, o puede no sentirse involucrada con aquello que nos conmueve; lo que puede parecer una montaña para uno puede parecer insignificante para el otro; lo que abate a uno puede estimular al otro, etc.

Dicho de otra manera, no podemos responsabilizar a una situación exterior o a otras personas, de nuestra emoción. Esta nos pertenece completamente. Es sobre esta base, y únicamente sobre esta base, que el trabajo sobre la emoción se hace posible.*

⊚⊚⊚⊚⊚

Take emotion as emotion.
Tome (considere) la emoción como emoción.

Considere la emoción por lo que es; es decir, disóciela de la situación que usted cree que es la responsable de su emoción. Se trata de un desplazamiento de la atención: dejar de llevar su atención a los pensamientos asociados a la situación, y más bien llevarla a la emoción propiamente dicha. Es una manera de romper el proceso mecánico de la emoción: un evento golpea mi mundo interior, en función de mis predisposiciones latentes, desencadena una emoción, la cual arrastra toda una serie de pensamientos que van en la misma dirección que la emoción (ideas rosas si se trata de una emoción agradable, ideas negras si se trata de una emoción dolorosa).

Estos pensamientos giran alrededor de la situación que yo identifico como responsable de mi perturbación interior ("¡si solamente él no hubiera dicho eso!"). El primer trabajo que recomienda Swamiji es el de romper esa asociación falsa entre la emoción y la situación, de dejar de creer que la emoción proviene de la situación, de considerar a la emoción misma, independientemente de la situación, sentirla en el instante tal y como es. Se trata entonces momentáneamente, mientras estoy experimentando la emoción, de no pensar nada respecto a la situación (ni a la emoción, por cierto). La acojo tal y como es, como una energía que se manifiesta en mí.

Reconozco la emoción en tanto que emoción; ella no me obligará a actuar. No me engancho con los pensamientos que son fruto de la emoción. Reconozco que la emoción está allí, y por lo tanto mis pensamientos están viciados, y por lo tanto toda acción que se materialice a partir de estos pensamientos, está viciada. No reacciono, y la cadena de acciones y reacciones se detiene.*

– *Tú eres Eso*, capítulo "Reacción, acción, respuesta".

Cuando surge una emoción, por ejemplo la angustia, y aceptamos que esa emoción se produzca aquí y ahora, entonces sentimos la emoción como una sensación, es decir que logramos no identificarnos con pensamientos como "es horrible; no es justo; desde hace meses que esto sucede, no hay ninguna razón para que esto cambie; no lo logro…".

En lugar de eso, entramos en comunión con el aspecto sensación de la emoción; es decir, que el aspecto pensamiento se hace a un lado. Ser uno con la emoción, es ser uno con una sensación, porque la emoción es un conjunto de pensamientos y de sensaciones, siendo las sensaciones fenómenos biológicos, fisiológicos.

– *Regreso a lo esencial*, "Reunión del segundo día".

◎◎◎◎◎

Annihilate the distinction between you and your emotion.
Aniquile la distinción entre usted y su emoción.

Usted no tiene ningún conocimiento real de sus pensamientos, de sus emociones, de sus sensaciones –de todos sus funcionamientos– porque usted nunca ha estado realmente sin dualidad a la luz de la vigilancia, sus pensamientos, sus sensaciones, sus emociones. Ha habido siempre un cierto desfasamiento; lo que hace que usted no haya nunca conocido lo que usted ha vivido.

Usted puede ser libre de estas emociones, conociéndolas. ¿Cómo puede usted conocerlas? *Estando, sin dualidad, emocionado.*

— Más allá del yo, capítulo "El yoga del conocimiento".

Si quiero un día poder decir como Shankaracharya "yo no soy las emociones, yo no soy las sensaciones", es necesario primero que yo sea plenamente la emoción y la sensación, para comprender la irrealidad de esta emoción, de esta sensación, y hasta qué punto soy libre de ellas. Pero si me debato contra la emoción y la sensación, la afirmo; la hago ser aun más. Es posible –y la clave de la Liberación está ahí– restablecer primero la no dualidad en sí mismo, suprimir la distinción entre "yo y mi emoción". Si yo pudiera decir "yo y mi emoción", eso significa que yo tengo una emoción; y si tengo una emoción y esta es dolorosa, bueno pues ¡no tengo necesidad de quedarme con ella! ¡Me deshago de aquello que tengo que no me gusta! Pero cuando la emoción está ahí, me lleva, lo quiera o no; me obliga a actuar, me arranca de mi consciencia estable e inmutable; me arrastra en un sentido o en el otro; me veo llevado por la felicidad y el gozo (gozo frágil, efímero y envenenado; gozo que lleva en sí mismo su contrario), o agitado, nervioso, a veces hecho pedazos por el sufrimiento. Pero si soy lo que soy sin dualidad –¿soy desdichado? De acuerdo, soy desdichado–, estoy consciente: ya no soy llevado por, sino que soy uno con. El sufrimiento solamente, puesto que el sufrimiento está ahí, uno-sin-un-segundo, pero iluminado por la Consciencia neutra y no comprometida. Entonces el sufrimiento ya no aparece como sufrimiento. Se esfuma.

— En busca del Sí-mismo, capítulo "El Atman".

⊚⊚⊚⊚⊚

Let the emotion have its full play and vanish.
Deje que la emoción se exprese por completo, y desaparezca.

Si nosotros no intervenimos para modificarla, para cambiar su curso, la emoción sigue un proceso natural como cualquier fenómeno: nace, se despliega, muere. Mientras más espacio le demos —el espacio para desplegarse según su propia ley— más se neutraliza: un fenómeno energético que se produce en nosotros y del que podemos ser el testigo atento y silencioso.*

Con respecto a las emociones, Swami Prajñanpad da aquí cuatro recomendaciones que podríamos resumir así: dejar de una vez por todas de hacer responsables a las circunstancias de nuestros estados interiores; cuando hay una emoción, poner su atención en la emoción y no en la situación; solo ser uno con la emoción; y dejar que la emoción se despliegue naturalmente, sin intervenir, de manera que aquel que evalúa, mide o juzga la emoción, no esté ni siquiera ahí.

◉◉◉◉◉

DOS CARTAS DE SWAMI PRAJÑANPAD

Cuando usted no rechaza, o más bien, cuando usted acepta una emoción, usted suprime la división y por consecuencia la oposición entre usted y la emoción; o dicho de otra manera, usted se convierte en su emoción y por ende ya no hay dos ("usted" y "emoción") y aparece la unidad. Así, una emoción puede aparecer a partir del momento en el que hay este conflicto, esta oposición, entre "usted" y "su emoción". Al aceptar la emoción en cuanto emoción (sin ponerle ninguna etiqueta de "buena" o de "mala"), usted se convierte en la emoción, usted es el miedo, usted es la felicidad, usted es la tristeza, etc., etc. La oposición o la contradicción entre opuestos (gozo-pena, amor-odio, etc.) desaparece por sí sola y la neutralidad soberana se establece: Paz, paz, paz.

– Carta dirigida a Arnaud, 30 de enero de 1967.

Por el momento, he aquí algunas indicaciones sucintas sobre: "Usted es su emoción". La verdad es "**una sin una segunda**", siempre y en todas las circunstancias. Entonces, cuando una emoción aparece, está ahí sin una segunda; "yo", "usted", "él" no pueden estar presentes. Si usted dice "yo", "yo" está ahí y la emoción también, usted crea una división y el conflicto que de ahí resulta: ¡"eso no debería ser!". Lo que es una mentira. Y he aquí la prueba: cuando la emoción está ahí, lo arrastra, lo que demuestra que usted es una no-entidad. Entonces, acepte el hecho. "Usted ES su emoción". Es así que dejando de rechazar la emoción, usted le permite expresarse y desaparecer. Si no, manteniendo la existencia de un "yo" y de "la emoción" de manera separada, usted hace aparecer un rechazo que tiene por efecto el reforzar la emoción y permitirle al conflicto seguir en un círculo vicioso. Entonces, sea la emoción, deje que la emoción se exprese y desaparezca.

– Carta dirigida a Arnaud, 29 de abril de 1967.

El ego

Ego is the seal of the "I" embossed on the not "I".
El ego es el sello del yo estampado en el no-yo.

El ego es el sello del yo estampado en el no-yo, como una especie de pulpo que extiende sus tentáculos. El ego no da al otro el derecho de existir independientemente, sino que reporta todo a sí mismo: qué es usted para mí, con respecto a mí, en mi mundo, si me da usted placer, o me repugna, me da seguridad, me amenaza, me frustra, me gratifica, etc.

– *Dialogue à deux voies*, capítulo "La práctica de la meditación".

⊚⊚⊚⊚⊚

Cada quien percibe el mundo para sí mismo, en función de sí mismo, a través de sí mismo. Este yo físico y mental no es poca cosa. Fue estudiado y descrito de forma notable por parte de las enseñanzas antiguas, pero siempre con el objetivo de conocerlo para liberarse de él. Las ciencias humanas redescubren los condicionamientos y los determinismos pero no descubren la forma de escapar de ellos. Este método existe: se tratta de borrar la consciencia del ego para liberar la Consciencia pura, la Consciencia que no es ni hombre ni mujer, ni vieja ni joven, sino simplemente Consciencia. Recuerden este punto de partida metafísico y comprenderán el conjunto de la tarea en pos de la liberación.

– *Le vedanta et l'inconscient*, capítulo "La purificación del inconsciente".

⊚⊚⊚⊚⊚

You are an amorphous crowd.
Usted es una multitud amorfa.

Durante los años de mi búsqueda, me apoyé muchísimo en una fórmula que hasta la fecha considero preciosa: "Para darse, es necesario pertenecerse".

¿Cómo puedo abandonar el ego (Dios sabe cuántas veces he escuchado esta expresión) si este yo es amorfo, privado de forma?

Mi propio gurú me dijo un día hace mucho tiempo: "Usted es una multitud amorfa". Como yo sabía que él había recibido una formación científica en su juventud, comprendí bien que le daba a la palabra amorfo, privado de forma, un sentido muy preciso –amorfo, en química, es lo opuesto de cristalizado–.

Una parte de nosotros quisiera escapar de cierto modo de la consciencia que sentimos como limitativa, pero otras partes de nosotros continúan reclamando: "Y yo, y yo, yo no recibí eso, no pude hacer aquello, quiero más de este otro". Hay entonces una primera etapa de estructuración, o inclusive de afirmación del ego, antes de considerar la desaparición de la consciencia del yo en todo lo que este pronombre presenta de limitativo. Pero este trabajo de estructuración debe de ser tomado desde el inicio con una comprensión y sobre todo con un sentimiento que permitan la apertura y la superación. Es importante presentir de entrada lo que podría ser un estado no egoísta o no egocéntrico, de manera que esta primera afirmación del ego, necesaria al principio, no sea el reforzamiento de una prisión que después se vuelve un verdadero obstáculo.

— *Dialogue à deux voies*, capítulo "El ego en el corazón del problema".

Swamiji me dijo un día: "Usted es una multitud amorfa", no estructurada, no cristalizada. Es cierto. El hecho de que ustedes utilicen como punto de apoyo de su comprensión la imagen de personajes diversos y contradictorios que viven dentro de ustedes, que consideren cada emoción, cada miedo, cada deseo, cada estado de ánimo como uno de estos personajes, que la imagen del caleidoscopio sea elocuente o no, la verdad sigue siendo la misma. Pueden estar seguros de que si ustedes no toman consciencia de una manera o de otra de su complejidad, de la multiplicidad de la que están compuestos, no hay camino posible. Muchos de los que me escuchan desde hace años, no han todavía comprendido de qué hablo. No han visto concretamente las contradicciones que habitan en ellos, no han medido la magnitud de su división interior. Sorprenderse en flagrante delito de contradicción es asumir con valor cierto desgarramiento interior; es perder la ilusión de un "yo" y de una voluntad que no poseemos. solo el discípulo, personaje de otro orden, es capaz de ver con toda lucidez que no son ustedes uno sino multitud, y de ser el testigo de las formas de consciencia que se suceden una tras otra en su interior.

— *L'ami spirituel*, capítulo "El Despertar del maestro interior".

◎◎◎◎◎

Not "I look at the tree" but "the tree is looked at".
No "yo miro el árbol", sino "el árbol es mirado".

Durante mi primera estancia con Swami Prajñanpad, hice una observación a propósito de un árbol de banyan que se encontraba cerca del ashram —el banyan es un árbol cuyas ramas descienden hasta el suelo, y echan raíces—. Este árbol que a mí me parecía maravilloso y fascinante debía ser de una banalidad total para un niño bengalí que lo había visto desde que había nacido; por el contrario, si se lograra plantar un pino del Jura en medio de los arrozales de Bengala, el niño en cuestión estaría fascinado por este árbol completamente extraño para él. Entonces le dije a Swamiji: "Entiendo al menos que yo no veo el mismo banyan que ve alguien del pueblo, al que está habituado desde su infancia". Swamiji me propuso entonces esta fórmula muy simple: No "yo veo el árbol", sino "el árbol es visto". ¿Cuál es el yo que desapareció en la fórmula en cuestión? Para sentirlo, es necesario lanzarse al agua e intentarlo: me coloco frente al banyan y me doy cuenta de que "yo" miro el árbol y después, de un solo golpe, el árbol es mirado y el "yo" desaparece. Eso lo cambia todo.

— *Dialogue à deux voies*, capítulo "La práctica de la meditación".

El mental

Complexity, thy name is mind.
Complejidad, tu nombre es "mental".

⊚⊚⊚⊚⊚

Mind, what a tragedy.
Mental, qué tragedia.

Bajo la influencia de la emoción, los seres humanos entran en la sinrazón, se equivocan, desembocan en una conclusión falsa y a partir de ahí actúan. La tragedia no es estar desempleado a los cuarenta, no es la traición de un amigo sobre el que creíamos poder contar, ni siquiera la muerte de un niño. La verdadera tragedia es el mental en su locura.

– *Approches de la méditation*, capítulo "El control de los pensamientos".

* * *

Nobody lives in the world, everybody lives in his world.
Nadie vive en el mundo, cada quien vive en su mundo.

El mental es el funcionamiento de la psique por el cual vivimos en nuestro mundo en lugar de vivir en el mundo.

Swamiji me hizo ver que la expresión "estar libre del mundo" no tenía ningún sentido y que la expresión justa era "estar libre de mi mundo". Libre de las cosas, ¿cómo quiere usted ser libre de las cosas? El mundo está ahí. Es la manera de percibirlo la que puede cambiar radicalmente. Hay el mundo y la manera como usted lo vive. Eso es lo que constituye su prisión, y esta interpretación inútil puede desaparecer.

— *Le vedanta et l'inconscient*, capítulo "La destrucción del mental".

"Su mundo", es usted quien lo fabrica, de segundo en segundo, haciendo de la realidad un asunto personal, dicho de otra manera, un asunto emocional.

— *Pour une mort sans peur*, capítulo "Un camino concreto".

El mundo no coincidirá jamás con su mundo. Quizás un día usted tomará esta decisión fantástica, loca en apariencia, irrealizable en apariencia, pero en favor de la cual ha dado testimonio toda la tradición ascética y mística de la humanidad: "De aquí en adelante voy a hacer todo lo posible para que mi mundo coincida con el mundo", pues por esta perfecta coincidencia, usted estará establecido sobre un plano de consciencia llamado beatitud, incomprensible para el mental.

— *Le vedanta et l'inconscient*, capítulo "La purificación del inconsciente".

Hay dos esfuerzos que se llevan a cabo paralelamente. Uno, es el esfuerzo por ser lo más objetivo posible: intentar de la mejor manera, con perseverancia, vivir en el mundo, ir más allá de su visión individual, y por consecuencia ir más allá de la realidad cotidiana, de sus preferencias, y todas las coloraciones de su mental. Es un esfuerzo de objetividad por estar en el mundo real. El otro es un esfuerzo exactamente inverso. Necesita ir hasta el fondo de su mundo y de su subjetividad. Ya no se trata del mundo real, se trata de su propio mundo. Es necesario distinguir bien los dos porque generalmente, en la vida, hacemos una mezcla. Ni uno se atreve a ir hasta el fondo de su subjetividad, ni lucha por llegar a ser objetivo. Ni se atreve uno a ir hasta el final de su mundo, ni se esfuerza valerosa y pacientemente por vivir en el mundo. La palabra verdad puede ser empleada en dos sentidos, la verdad objetiva a la que ustedes accederán quizás un día, y la verdad subjetiva, es decir, la que está ahí en el fondo de sus corazones. No tendrán acceso a la verdad objetiva exterior a ustedes, si no pasan primero —es indispensable— por la verdad que está en el interior de ustedes. Creer que se puede estar en la mentira en el interior y en la verdad con respecto al exterior es un engaño. Estarán solamente en el mundo de las proyecciones del inconsciente, que colorean o deforman siempre de una forma más o menos fuerte los fenómenos. Permanecerán cortados de sí mismos, incapaces de comprenderse a sí mismos, ignorando todo sobre sus propias profundidades inconscientes.

– *Le vedanta et l'inconscient*, capítulo "La purificación del inconsciente".

◎◎◎◎◎

Everything is in the taking-in.
Todo está en la forma de tomar – en el hecho mismo de tomar.

Keep it in its own place.
Déjelo en su lugar.

Todo consiste en el hecho de tomar en el interior y en la manera en que se toma. De hecho, tenemos la misma expresión en [español] cuando preguntamos acerca de una noticia que se da a alguien: "Entonces, ¿cómo lo tomó? – Pues lo tomó muy mal", o al contrario: "Lo tomó muy bien". Idealmente lo mejor sería no tomar nada, sino dejar que las cosas se queden allá, en su lugar, y dar a cada evento, a cada situación, el derecho de ser lo que son, de ser conscientes y de responder a la situación si esta demanda una intervención de nuestra parte. No tomar, dejar cada realidad, cada fenómeno en su lugar: ni proyectarse sobre ello, ni apoderarse de ello. Es una manera de dirigirse hacia una relación libre.

– *Dialogue à deux voies*, ver capítulo "La existencia como vía".

⊚⊚⊚⊚⊚

Everything is neutral, you qualify good and bad.
Todo es neutro, es usted quien lo califica de bueno o de malo.

En sí, o metafísicamente hablando, todo hecho es neutro y no es bueno o malo mas que en función de quien lo mira. Es el mental el que proyecta sobre los hechos sus propios conceptos y los califica intrínsecamente de buenos o malos, como si la misma cosa fuera siempre buena o siempre mala, para todo el mundo, en todo lugar, en todo momento, y en toda circunstancia.

El bien y el mal son, al contrario, nociones tan dependientes y relativas como cualquier otro fenómeno.

– *Les chemins de la sagesse*, capítulo: "Librarse del bien".

◎◎◎◎◎

It has got a taste of its own.
Tiene un sabor propio.

Swamiji había oído decir que en Francia había trescientas especies de quesos diferentes, "de los cuales la mitad se pueden oler a dos metros de distancia". Cuando vino a Francia, nos dijo que quería probar ese tipo de quesos. Después de bastante discusión, escogimos uno de entre los más olorosos. Swamiji tomó un pedazo pequeño y dijo "Sí, tiene un sabor muy propio". Fue una enseñanza. No dijo que fuera bueno o que fuera malo. ¿Por qué calificar de inmundo o de delicioso? Lo que es delicioso para los butaneses –abejorros fritos- es asqueroso para nosotros. Si hacemos comer un pedacito de carne a un brahmán, enseguida vomita. Lo tiene grabado en sí: si come carne, quedará sucio para la eternidad. Todos los musulmanes comen carne, y los sabios taoístas también. Funcionamos a través de condicionamientos. Acojan, y verán la diferencia.

– *Regreso a lo esencial*, "Reunión del cuarto día".

◎◎◎◎◎

Comparison is falsity.
La comparación es falsedad. Es un error comparar.

La comparación es siempre falsa. Toda la existencia ordinaria, a través del ego y del mental, se basa en la comparación mientras la superación del ego y del mental consiste en el abandono de la comparación. Es un tema delicado porque pudiera parecer que la comparación es justa. Es evidente que encontraremos normal el comparar los precios de un mismo artículo en dos tiendas diferentes para escoger el precio más bajo. Lo que es grave es la comparación de lo que en verdad no puede ser comparado.

Para que haya comparación, es necesario que haya un punto de comparación. Y si ustedes comprenden que fuera de las comparaciones prácticas, concretas, utilitarias como el precio de un artículo en tiendas diferentes, toda comparación es imposible porque no existe un denominador común, ustedes se liberarán de este mecanismo trágico. No hay denominador común porque en verdad cada fenómeno, cada evento, cada objeto que viene a golpear uno o varios de nuestros sentidos es único, y por lo mismo, incomparable. Si hay dos, dos son diferentes. En el tiempo, cada situación es única; y en el espacio, cada elemento de la realidad es único. Es la expresión original, aquí y ahora, de la gran Realidad, fruto de innumerables cadenas de causas y efectos. No puede ser diferente de como es; jamás ha ocurrido antes; no volverá a ocurrir jamás; y es por esta unicidad que ustedes podrán encontrar en cada elemento del mundo relativo la puerta de acceso a lo Absoluto.

Si ustedes pueden ver como única cualquier cosa que perciban y conciban, están ustedes en la verdad. Tomen a dos seres humanos. ¿Qué posibilidad hay de comparar? ¿En qué criterio se basan ustedes? Pueden, por razones pragmáticas, comparar la talla, la fuerza física, el cociente intelectual, el nivel de estudios, las capacidades particulares para cumplir con tal o tal función. Desde ese punto de vista, estamos de acuerdo en el hecho de que la vida ordinaria implica la comparación. Pero vean que hay un mecanismo completamente falso que compara lo que en ningún caso se puede comparar, compara un destino con otro, una situación con otra. A partir del momento en el que comienzo a juzgar, a compararme con aquellos a quienes envidio, o con aquellos que considero inferiores –y cuando comparo a otros entre ellos–, siempre es falso. Fuera de las circunstancias concretas donde la comparación se justifica, hay un mecanismo de comparación que consiste en pedir que las cosas sean diferentes de lo que son.

Lo que les causa sufrimiento, cualquiera que este sea, es la comparación. Ustedes comparan su destino hoy, con el de otro. Comparan su situación financiera con la de alguien más; comparan su soledad con la dicha de otro que está casado; si están casados comparan los problemas conyugales y la carga familiar con la felicidad de la soledad de un soltero. Comparan lo que son el día de hoy con lo que eran cuando tenían treinta años de edad. Es solamente la comparación la que causa el sufrimiento. Es por ello que es necesario descubrir qué tanto esta comparación está en acción.

Si ustedes ven verdaderamente a los demás como son, esta percepción sin intervención del mental es el amor, es el acuerdo completo de que lo que es, sea. El amor verdadero no compara jamás, simplemente ve, acepta, reconoce. Ese amor solamente existe cuando el mental ha desaparecido. Si ustedes dejan de comparar y si pueden verdaderamente ser uno con cada objeto a cada instante, verán cada elemento, cada instante en su unicidad y su imposibilidad de comparación, y por lo mismo, verán cada objeto como la expresión directa de lo Absoluto. Todo el funcionamiento del mental implica una comparación. Pero si ustedes quieren ver, es necesario renunciar a la comparación. Como hay cierta comparación que por las necesidades de la vida concreta se justifica, pasan sin darse cuenta de la comparación justificada a la comparación no justificada. Para que pueda haber una comparación justificada, pueden ustedes tomar este criterio: es necesario que haya una medida posible. Pero el mental se permite todo el tiempo el hacer comparaciones injustificadas porque no hay ninguna unidad de medida.

— *Más allá del yo*, capítulo "Uno-sin-un-segundo".

◉◉◉◉◉

Mind is so tricky to cheat you, rather to cheat itself.
El mental es muy astuto para engañarle, o más bien para engañarse a sí mismo.

Cuando escuché estas palabras de la boca de Swamiji, noté de inmediato con interés que él formulaba una idea y la rectificaba inmediatamente un poco. En primera instancia, sí, el mental es tan astuto para hacernos equivocar, para despistarnos, inmensamente astuto. No es por nada que el Evangelio lo llama el Maligno y no solo el Mentiroso. Pero en verdad, todas nuestras contradicciones interiores, nuestras ilusiones, nuestros conflictos íntimos, solo conciernen al nivel psíquico en nosotros, aquel que estudia la psicología. Lo que los hindús, por ejemplo, denominan *atman* es una realidad profunda, eternamente virgen, que puede estar velada en nuestro modo de consciencia habitual, pero que nada puede afectar. Entonces, lo que somos en lo más profundo de nosotros no puede ser víctima del mental. Por ahora, les va a ayudar tener como punto de partida saber que existe en ustedes una capacidad de inteligencia y de lucidez que aspira a la madurez, a la sabiduría y que dicha capacidad está muy frecuentemente engañada por el mental en cuestión, tan hábil en hacernos vivir en un mundo de complicaciones y de frustraciones.*

◎◎◎◎◎

Your thoughts are quotations, your emotions are imitations, your actions are caricatures.
Sus pensamientos son citas, sus emociones son imitaciones, sus acciones son caricaturas.

De hecho, no estoy seguro de que esta frase sea una fórmula original de Swamiji, aunque él la utilizaba bastante seguido. Pero los años que han pasado desde que la oí, me han confirmado cuánto, en su severidad aparentemente excesiva, puede ser verdadera. Liberarse poco a poco de los condicionamientos, de los comportamientos mecánicos repetitivos, de la fuerza de la inercia de los hábitos emocionales y mentales, implica un esfuerzo a la vez determinado, hábil y perseverante. No basta con la reflexión intelectual para convencernos de la veracidad de esta fórmula, sino que sirve una visión mucho más fina y lúcida de la forma en que reaccionamos. El conocimiento de sí mismo propuesto por los sabios de todas las tradiciones va mucho más lejos que saber si preferimos Bach o Mozart, la cocina china o la marroquí. Es, para empezar, una visión objetiva de la manera en que nuestras propias funciones funcionan según los esquemas preestablecidos, lo que nos permite decir del comportamiento de alguien: "¡Ah eso! ¡Seguro es él!"*

◉◉◉◉◉

You think that you see, and you don't see that you think.
Usted piensa que ve, y no ve que piensa.

Only thinking!
¡Puras divagaciones!

Swamiji distinguía con claridad entre ver y pensar. Un pensamiento inteligente, un pensamiento justificado es lo que Swamiji llamaba visión. "Pensar" se refiere a la ceguera del mental.

"Pensar" con mucha frecuencia tiende a aislar un elemento de la totalidad. De una situación que comprende un gran número de factores, usted extrae un detalle que le mueve particularmente y lo "pone de relieve" de una manera totalmente arbitraria olvidando el contexto. Puesto frente a un ojo, un dedo puede ocultar la inmensidad del horizonte. Ver es, al contrario, integrar el detalle en un vasto conjunto. La emoción rechaza situar la parte en su relación con el todo: hace pasar frente a la escena un elemento, se aferra, y no puede oír hablar de algo que lo contradiga.

Si usted tiene algo en contra de alguien, desechará sin piedad las numerosas razones que pueda tener para estarle agradecido, y hasta para amarle. Este mecanismo puede corromper cualquier relación. Se le hace imposible al pensamiento negativo recordar todas las razones que tendría para ser positivo. Esta contradicción entre la emoción y la verdad de la situación se hace tan insoportable, que obliga a eliminar los otros factores que hubiera sido necesario tomar en cuenta razonablemente.

Si están interesados en la enseñanza de Gurdjieff, encontrarán dos expresiones en francés: el pensamiento activo y el pensamiento asociativo. El pensamiento activo representa un pensamiento consciente, dirigido, que no se dispara en todos los sentidos y en el que cada pensamiento tiene su valor, su necesidad, mientras que el pensamiento asociativo nos lleva hacia una dirección, después hacia otra, una idea acarreando a la siguiente por una asociación mecánica.

El primer punto importante que hay que comprender es que el pensamiento ordinario, el que debe desaparecer, se encuentra siempre ligado a un elemento de emoción, aun si esta emoción no es netamente perceptible. Al contrario, si nosotros vemos, utilizamos el pensamiento activo, y esta visión está exenta de emoción. En cambio, ella se acompaña, y se acompañará cada vez más, de aquello que llamamos la inteligencia del corazón.

– *Approches de la méditation*, capítulo "El control de los pensamientos".

"Pensar" es un término peyorativo desde el punto de vista del camino. El pensamiento puede concretarse solamente en el mundo de los opuestos, que ustedes están llamados a dejar atrás. El pensamiento acepta, rechaza, acepta, rechaza, según sus propios criterios, sus propias referencias. Y no sale de estas oposiciones. Mientras que la visión les permite dejar atrás las oposiciones para alcanzar la neutralidad, más allá de los opuestos, más allá de lo bueno y de lo malo, más allá del bien y del mal, y les permite alcanzar el Ser, lo que es. solo la visión pura les permite pasar de un mundo irreal a un mundo real. Ver, sin hacer intervenir, ni siquiera en segundo plano, lo que no es.

La visión no tiene contrario. La visión es siempre una sin una segunda. Si hago intervenir otra cosa aparte de lo que es, empiezo a pensar. Y la visión, la verdadera inteligencia, no consiste en pensar, sino únicamente en ver. Yo veo con toda certidumbre lo que hay que ver, y lo que inevitablemente deriva de lo que acabo de ver. Es lo que pueden llamar un razonamiento científico o un razonar justo. Y esta visión de segundo en segundo induce a la acción. La acción justa, la acción "espontánea" de la que hablan los hindús y los budistas, es el resultado de ver. Pero para ver, es necesario eliminar completamente este mecanismo dualista del pensamiento: eso no debería ser, eso podría ser.

– Un grain de sagesse, capítulo "Soy lo que soy".

Sus desgracias no surgen del hecho de que tengan demasiadas emociones, sino de que piensan mal. Pues la emoción nace del pensamiento.

La vía propuesta por Swami Prajñanpad es la destrucción del "pensamiento" subjetivo bajo todas sus formas.[10] No "pensar" más, sino "ver".

Cada quien ve a través de sus esquemas de pensamiento. Es por el pensamiento que cada quien vive en su mundo, es por el pensamiento que juzgamos, que comparamos, es por los pensamientos que estamos a la expectativa, son los pensamientos los que nos apartan de la realidad y nos mantienen en la esclavitud.

"*You are rambling*", decía Swamiji, "usted está divagando", o inclusive "*Only thinking*", "sólo divagaciones". Pero la mayor parte del tiempo, esas elucubraciones que gobiernan nuestras vidas pasan desapercibidas.

---

10. *Manonasha,* en sánscrito, destrucción del mental.

Cierto tipo de esfuerzo es indispensable para dejar de pensar mecánicamente a merced de las asociaciones de ideas que se encadenan. Recuerden la fórmula de Swamiji: "Usted piensa que ve, y no ve que piensa".

¿Qué es una visión cada vez más lúcida, cada vez más objetiva, cada vez más consciente? Este trabajo sobre los pensamientos, el despliegue de una inteligencia aguda y sutil, no puede hacerse más que a partir de una cierta calidad de atención.

– *La Voie et ses pièges*, capítulo "El pensamiento precede a la emoción".

Buda dijo: "Aquél que es dueño de sus pensamientos es más grande que el que es dueño del mundo".

Ser dueño de sus pensamientos implica la presencia a sí mismo, la vigilancia, la consciencia y, naturalmente, la disociación o no identificación con respecto a los pensamientos. Si están ustedes continuamente identificados con sus ensoñaciones, devorados por ellas, ¿quién puede controlar qué, quién puede ser dueño de qué?

– *Approches de la méditation*, capítulo "El control de los pensamientos".

⊚⊚⊚⊚⊚

What does mind say, what does truth say?
¿Qué dice el mental, qué dice la verdad?

⊚⊚⊚⊚⊚

Un discípulo francés escribió a Swamiji pidiéndole que aceptara a algunos de sus amigos como discípulos.

Swamiji le respondió:

Regarding your friends!- If they are ready to be free from the illusory and infinite meshes of thinking and from the revelry of emotional intoxications and are ready to SEE, to know, they can always find Swamiji.

¡En lo que respecta a sus amigos! –Si están listos para liberarse del engranaje ilusorio y sin fin de los pensamientos y de la borrachera de las intoxicaciones emocionales y si están listos para VER, para conocer–, entonces siempre podrán encontrar Swamiji.[11]

---

11. Swami Prajñanpad. *El arte de ver*, Carta a sus discípulos, Éditions L'Originel.

El deseo

Not desireless but desirefree.
No sin deseo sino libre del deseo.

Una manera de precisar mejor los límites del determinismo interior al que están ustedes sometidos, consiste en estudiar la constitución misma del mental a propósito del deseo y del miedo. El mental está hecho de deseos, cuya no-satisfacción genera un sufrimiento, y de miedos, cuya materialización procuraría un sufrimiento. Si existen deseos pero su no-satisfacción no acarrea un sufrimiento, o si no les da miedo la idea de que una situación que preferirían evitar pudiera presentarse, entonces ustedes se encuentran, si no sin deseos (*desireless*), por lo menos libres de deseos (*desirefree*). En verdad es muy simple. Los deseos que pueden perfectamente no ser realizados sin que esto genere sufrimiento, o bien las eventualidades desagradables no conciernen al mental, en el momento en que no tienen autoridad sobre ustedes. Ese es el criterio. Si el deseo los obliga a actuar para satisfacerlo, ya no son ustedes, sino es el deseo el que quiere satisfacerse —aun a sus expensas— y es él quien les impone su ley. Y si el miedo restringe su acción, ustedes tampoco están libres.

– *L'ami spirituel*, capítulo "Obediencia y libertad".

If it is a sin, Swamiji will go to hell.
Si es un pecado, Swamiji irá al infierno.

Muy poca gente visitaba el ashram de Swamiji pues era un ashram apartado. Pero un día llegó un joven *sannyasin*, un hombre que había renunciado a todo, incluso a su identidad, y que iba de templo en templo, de lugar de peregrinaje a lugar de peregrinaje, completamente abandonado, recibiendo lo que le daban, durmiendo donde le daban la oportunidad y practicando su disciplina particular. Swamiji recibió él mismo a este brahmachari.[12] "Era tan concienzudo, tan serio", decía Swamiji. El sannyasin dijo a Swamiji: "Swamiji, tengo un problema, un problema de glotonería, pienso todo el tiempo en los *rasgoulas* (se trata de pastelillos muy azucarados, nadando en jarabe); recientemente, viví algo indigno de un brahmachari. Vi en el piso una moneda de cuatro annas y la recogí con la idea de comprar *rasgoulas*. Entonces la aventé a lo lejos pensando que era indigno de mí. Pero enseguida, furioso de haberla aventado, la busqué durante media hora sin encontrarla, y lloré por la contrariedad..." – "Bien", le dijo Swamiji, "he aquí su moneda de cuatro annas; se la doy, vaya a comer *rasgoulas*." – "Oh, Swamiji, ¡es un pecado!" – "Si es un pecado, es Swamiji quien irá al infierno".

La prestancia y la dignidad de Swamiji tenían mucho de qué imponer a un joven brahmachari y este decidió ir al pueblo. Regresó luego al ashram. "¿Entonces?", le preguntó Swamiji, "¿le gustaron los *rasgoulas*?" – "Sí" (un sí que significaba todo menos sí). – "Cuéntemelo todo" – "Pues bien, Swamiji, estaba muy incómodo: un brahmachari no debe tener dinero en su bolsa para ir a las pastelerías y comprar *rasgoulas*. Pensé que deshonraba a la orden de *sannyasins*, en-

12. *Brahmachari*: en este contexto, monje que hace voto de celibato.

tonces intenté que la gente no me viese demasiado y lo hice bastante de prisa…" – "Bien, dijo Swamiji, esto es lo que vamos a hacer. He aquí diez rupias, vaya a comprar *rasgoulas* para el ashram y para ofrecerlas a Swamiji. Ese será el *prasad* de Swamiji de mañana" (el *prasad* es el alimento compartido con un gurú, que reviste un carácter sagrado en la India). Swamiji insistió: "Escoja bien, escójalas bien como si fueran para usted, es así como las escogerá de la mejor manera". El brahmachari entró a la tienda con la cabeza en alto; debió pasar tres cuartos de hora, tan justificado se sentía examinando cada *rasgoula*. Regresó y ofreció a Swamiji las *rasgoulas* que había comprado, muy bien presentadas en su caja. Swamiji la abrió. Él, que normalmente comía tan poco, tomó por amor una *rasgoula*, la comió: "¡Oh! ¡Qué bien escogió! ¡Está deliciosa!" Swamiji miró la *rasgoula*, la masticó, se deleitó. Swamiji era, como todos los gurús que conocí, un muy buen actor, y actuaba esta escena magníficamente. Swamiji tomó otra *rasgoula* de otro color y declaró: "¡Oh! ¡Está exquisita! ¡Swamiji se está deleitando! ¡Es tan suave, tan dulce!" En este momento le dijo al brahmachari: "Adelante, sírvase una, es el *prasad* del gurú, el alimento consagrado por el gurú." El brahmachari hundió las manos en el paquete. Swamiji dijo: "¡No, así no!" La presencia misma de Swamiji irradiaba la consciencia, la unificación; no era posible estar distraído o ausente de sí mismo en presencia de Swamiji. "Mírelas estas *rasgoulas*, usted las compró con amor para Swamiji; mire las cafés, las violetas, las blancas; huélalas. Toque estas *rasgoulas*, pruebe, aprecie."

Por la primera vez, el brahmachari comió una *rasgoula* sin complejos, sin vergüenza ni conflicto. "Otra, dijo Swamiji, tome una de un color diferente." El joven monje comió tres o cuatro. Swamiji dijo entonces: "¡Otra, otra!" – "No,

Swamiji, es suficiente." —"Bien, entonces será mañana." Y al día siguiente, el monje comió más *rasgoulas*. El día después, día en que debía partir, le dijo a Swamiji: "Sé que ahora puedo aceptar la idea de nunca más comer *rasgoulas*." Swamiji le dijo: "Tenga, he aquí los cuatro annas que recogió y rechazó. Si un día tiene todavía antojo de *rasgoulas*, cómalas como *prasad* de Swamiji."

— *En busca del Sí-mismo*, capítulo "El estado sin deseos".

"Si es un pecado, es Swamiji quien irá al Infierno", ya que es Swamiji quien lo insta a cometer ese pecado. ¿Pecado con respecto a qué? ¿Con respecto a la manera en que actuaría Ramana Maharshi? Pero usted no es Ramana Maharshi. Que usted se pregunte: "¿Cómo hubiera actuado Cristo en mi lugar?", puede ayudar a despertar en usted una comprensión y, en algunos casos si está maduro para ello, a hacer frente de manera más justa a una situación. Pero cuando se exige hoy haber llegado al final del camino, es una mentira, la mentira más dañina que existe.

— *Le vedanta et l'inconscient*, capítulo "La erosión del deseo".

Un deseo debe ser satisfecho conscientemente. Si, al momento mismo en que satisfago un deseo, una parte de mí no está de acuerdo, no habrá satisfacción. En cambio, cuando experimentamos verdadera y plenamente una cosa, entonces estamos en condición de liberarnos del deseo.

— *En busca del Sí-mismo*, capítulo "El estado sin deseos".

◉◉◉◉◉

Be faithful to yourself as you are situated here and now.
Sea fiel a sí mismo tal como está situado aquí y ahora.

"Sea fiel a sí mismo tal como está situado (interiormente y exteriormente) aquí y ahora". Si tiene verdaderamente un alma de discípulo, esto lo hará progresar. Lo que sería tropezar y girar en círculos para aquel que no realiza una búsqueda interior, se convertirá para usted en una etapa que puede ser superada.

Abordamos aquí un tema serio y difícil. En efecto, el egoísmo, la avidez, la lujuria, la codicia, si no son puestos en tela de juicio, impiden la Liberación, y la Liberación es, en efecto, el fruto de la renuncia, de la muerte a sí mismo, del desapego, del abandono. ¿Pero, cómo llegar a ello? Tocamos aquí un punto delicado. Cierta moral es manifiestamente una prisión, una causa de sufrimiento. Esto está bien, esto está mal. Esta moral les fue impuesta desde el exterior. Tiene para ustedes el prestigio de la Religión, del Bien, del Ideal, pero es casi siempre un obstáculo para la Liberación. Algunos han permanecido en prisión por haber sido demasiado virtuosos y otros han escapado de la prisión del ego por haber sido verdaderos, fieles a sí mismos, y en consecuencia, menos virtuosos según los criterios de la moral. Ahora bien, aventar la moral por la borda es un paso peligroso. Llevada por el ego y la ceguera, la moral es causa de sufrimiento para los otros y para uno mismo, y crea un "karma"[13] cada vez más pesado por el cual uno se aprisiona en lugar de liberarse. Es por esto que debe usted tener el valor de escapar doblemente: a la facilidad de descansar en una moral que no ha asimilado verdaderamente, y a la faci-

---

13. El *karma*: ley de causa y efecto y, en este caso, de acciones y sus consecuencias.

lidad que consiste en abandonar toda moral y dejarse llevar de aquí para allá, al agrado de sus impulsos del momento.

Le corresponde a usted, en la medida de su avance en el camino y sin olvidar la meta, que es una meta de no-egoísmo, le corresponde a usted ver, en su alma y su consciencia, cuál deseo está decidido a cumplir y cuál deseo no está decidido a cumplir. Le corresponde encontrar su propia moral, una moral de discípulo fundada en la comprensión de lo que lo acerca o lo aleja de su meta. Se requiere un gran rigor en este dominio para escapar a las increíbles astucias del mental.

— *Le vedanta et l'inconscient,* capítulo "La erosión del deseo".

⊚⊚⊚⊚⊚

Allow the play of the mind.
Permita el juego del mental.

Swamiji me había propuesto un ejercicio, el *wish fulfilling gem,* la piedra preciosa que puede cumplir todos nuestros deseos, como la varita mágica de los cuentos de nuestra infancia. Si yo tuviera la varita mágica... ¿Qué surge?

¿Qué quiero? No pregunto si es factible o no. Me pregunto con toda honestidad qué es lo que quiero. Es algo mágico, tengo derecho a todo, todo. Una pregunta va a surgir de la profundidad. ¿Es esto verdaderamente lo que quiero? Tengo la varita mágica, puedo realizarlo, pero ¿no hay algo más, aun mejor? Y ve otra demanda más profunda que aparece. Swamiji también había utilizado la expresión "permita completamente el juego del mental". Deje hacer, abra bien las compuertas y vea. Verá que todo pensamiento, todo sueño, toda imagen que surge corresponde siempre a un deseo, o a lo que no es más que la otra cara del deseo: un temor. Va a descubrirse un poco a usted mismo, va a encontrar un mundo que no tiene derecho de espacio en su razón, pero que es su verdad. El mental superficial no es la verdad. La verdad de un ser es el corazón o la profundidad, y la mayor parte de esta verdad del corazón no emerge jamás a la superficie.

Nunca se callará esta voz en usted. En la superficie, la educación, los impactos que recibió, sus fracasos, lo que llama su experiencia, lo han hecho renunciar a la mayoría de sus demandas. Pero nunca en lo profundo. Deje emerger esos deseos a la consciencia y vea cómo se sitúa con respecto a ellos. ¿Son realizables? ¿Es verdaderamente necesario que los realice? ¿Es verdaderamente eso lo que deseo?

Un gran número de deseos concretos se borrarán si han recibido cierta satisfacción y otros deseos se borrarán simplemente si son traídos a la consciencia en lugar de estar reprimidos en el inconsciente.

– *Le vedanta et l'inconscient*, capítulo "La erosión del deseo".

Trato de comprender qué representa ese deseo en el conjunto de mi destino de hombre o de mujer y en el conjunto de mi existencia actual. No se lance al cumplimiento del deseo como un toro que embiste el capote rojo del matador. Todo deseo debe estar situado en un contexto. El mental aísla un detalle del conjunto y no ve más que una cosa, por ejemplo el objeto momentáneo de una cierta fascinación, y todos los otros parámetros de su existencia, de su realidad total, pasan a segundo plano o son totalmente borrados. Es verdaderamente el dedo que esconde al bosque. El mental está hipnotizado por un detalle mientras que la inteligencia objetiva[14] ejerce el distanciamiento necesario para reubicar ese deseo en la totalidad de su existencia. No hay cumplimiento consciente del deseo si no tiene usted la honestidad de ver todos los aspectos de la realidad, al interior de la cual ese deseo y su posible cumplimiento pueden insertarse –aun aquellos que, momentáneamente, preferiríamos olvidar–.

– *La voie et ses pièges*, capítulo "La jungla de los deseos".

Thought may come but there is no inclination to follow it.
El pensamiento puede llegar pero no hay inclinación a seguirlo.

Muchos pensamientos manifiestan un deseo cuyo cumplimiento no le aportaría definitivamente la paz duradera. Reconózcalos simplemente por lo que son y no se deje turbar. Si un pensamiento se presenta, no está obligado ni a seguirle el paso y dejarse llevar, ni a obedecerle si le sugiere una acción.

La sabiduría no es la desaparición total de los pensamientos sino la libertad con respecto a estos. Cualquier pensamiento puede presentarse en el cerebro. Aprenda a entablar amistad con ellos, aun si le parecen cínicos, obscenos, o condenables de otra manera. La libertad no viene por la condena. Demasiados practicantes se ejercitan durante la meditación para hacer desaparecer los pensamientos a través de la concentración en un objeto único, pero después son impotentes con respecto a los pensamientos que se suceden a lo largo del día. Su intención debe ser no "sin pensamientos" sino libre con respecto a los pensamientos.*

◎◎◎◎◎

---

14. *Buddhi*, en sánscrito.

A una mujer que le preguntó: *"When did Swamiji re-nounce the world?"* ("¿Cuándo renunció Swamiji al mundo?"), Swamiji respondió:

> *"Swamiji never renounced the world,*
> *the world renounced Swamiji".*

Swamiji nunca renunció al mundo, es el mundo el que renunció a Swamiji.

El peso del pasado

The way is not in the general but in the particular.
El camino no está en lo general sino en lo particular.

El conocimiento de sí se adquiere en lo particular y no en lo general. Las personas siempre quieren ocuparse de lo general: la sexualidad, el deseo, el miedo, para evitar ocuparse de su sexualidad, su deseo, su miedo –aquí y ahora–. solo puede deducirse de las leyes generales, si se hace a partir de ejemplos particulares. solo se conoce lo que uno es.

— *Monde moderne et sagesse ancienne*, capítulo "Yoga y gurús".

◎◎◎◎◎

The unconscious is.
Lo inconsciente existe.

One has to make the unconscious conscious.
Hay que hacer consciente lo inconsciente.

El mental tiene raíces profundas en nosotros. No se trata solamente de un fenómeno de superficie y descubrirán, como Freud lo volvió a descubrir y como lo descubrieron los rishis hindús, que una buena parte de ustedes mismos permanece todopoderosa por abajo del umbral de la consciencia: subliminal, subconsciente e incluso inconsciente. Swamiji se expresaba a este respecto utilizando frases cortas y pequeñas: "El inconsciente existe" y "Hay que hacer consciente lo inconsciente". Por esta razón los que escucharon hablar de la enseñanza de Swamiji tuvieron la impresión de que Swamiji era un extraordinario psicoanalista. Para algunos eso era motivo de admiración, para otros, motivo de sospecha. La verdad es que Swamiji era un brahman hindú, un Vedanta *shastri*, un experto en sánscrito y, en el sentido general de la palabra, un gran yogui; él reivindicaba los Upanishads y el yoga Vashista.

Hacer consciente lo inconsciente es la gran tarea de una vida.

— *Le vedanta et l'inconscient*, capítulo "La purificación del inconsciente".

⊚⊚⊚⊚⊚

Express what has been repressed.
Exprese lo que ha sido reprimido.

Let it come out.
Déjelo salir.

En primer lugar deben reconocer que existe en ustedes la expresión que busca su camino y la represión que lo frena. Nutren a la vez la expresión y la represión de su propia sustancia, de su vida, de su energía. Esta es su tragedia. El cuarenta por ciento de ustedes mismos intenta expresarse, otro cuarenta por ciento reprimirse y, con el veinte por ciento restante, ustedes "viven".

Este es un enorme desperdicio de energía, pero estas represiones están ahí, hay que saberlo y aceptarlo. Eso es lo que va a hacer la partida tan importante, por momentos tan difícil y, por eso mismo, tan interesante.

Lo que debe expresarse en el lying por ley tiene que expresarse y se encuentra reprimido. Se trata de hacer el juego de la expresión consiguiendo debilitar la represión. Basta con abrirse y entregarse. Entregarse es liberarse, si tratan de hacer que el inconsciente se exprese a fuerzas, se trata del mental que quiere, como sea, conservar la dirección de las operaciones. Si la cabeza cesa de funcionar, lo que desde hace mucho tiempo intenta manifestarse se manifestará por sí mismo. Exactamente es como si fuera un resorte comprimido. Si retiramos la mano del resorte, el resorte se distenderá por sí mismo. Lo que llevan ustedes en sí, cuando ya no lo repriman, se descomprimirá o se expresará por sí mismo.

Las represiones están presentes, deben aceptarlo completamente en vez de desesperarse cada vez. Si no hubiera represiones no habría necesidad de lying. El lying es necesario porque las represiones se instalaron desde hace mucho tiempo.

Lo que está reprimido me oprime. Yo lo expreso: "*Let it come out*", "déjelo salir".

  – *Le vedanta et l'inconscient*, capítulo "La purificación del inconsciente".

◎◎◎◎◎

Samskaras and vasanas.
Los samskaras son el peso del pasado. Los vasanas, el peso del futuro.

Los *samskaras*, son impresiones o huellas que dejaron marca, que permanecen vivas en nosotros todavía y que distinguen a los seres humanos unos de otros, que hacen que a unos les guste la montaña y a otros el mar. ¿Por qué resulta que alguno sienta que siempre hay que poner orden en todo, mientras que para otro la vida es bella solamente si se vive en el desorden y la bohemia? El conjunto de los *samskaras*, la manera en la que se organizan, componen el perfil psicológico de carácter, el mental de un individuo con referencia a otro.

Los *vasanas* son los deseos, las demandas que existen en ustedes, y unos deseos a veces muy fuertes. Mientras estos deseos se encuentren arraigados en el inconsciente, debido a que su origen no ha sido todavía alcanzado ni tocado, el mental subsistirá.

Si se disponen a escucharse a sí mismos, comprenderán que estos vasanas o demandas son una multiplicidad, una inmensidad, un concierto, un coro con el que un director de orquesta nunca hubiera soñado reunir, miles y miles de voces que reclaman "yo quiero existir, quiero verme cumplido, quiero manifestarme, quiero expresarme, quiero llegar a conseguirlo". Fantástica orquesta, y cada una de esas demandas quiere concretarse, quiere salir a la luz. Lo que hace que tengamos miedo a la muerte son estos millares de demandas que gritan: yo no quiero morir sin verme cumplida, sin haberme expresado, sin haberme manifestado. Todo eso se agita en el inconsciente y quiere hacerse consciente, quiere pasar a la existencia. Y todo *vasana* que ha logrado expresarse, muere. Cuando el deseo se ha cumplido verdaderamente, se acabó. Al mismo tiempo que hay en la profundidad esta necesidad de expresarse, también hay una necesidad de regresar al reposo, a la calma, a lo no-manifestado.

– *Le vedanta et l'inconscient*, capítulo "La purificación del inconsciente".

⊚⊚⊚⊚⊚

To be free is to be free from father and mother, nothing else.
Ser libre es ser libre del padre y de la madre, nada más.

Esta afirmación puede ciertamente parecer simplista en un principio. Pero comprendan que si Padre y Madre implican el papá y la mamá muy concretos de nuestra infancia de cada uno, estos términos designan también nuestra dependencia con referencia al aspecto masculino y al aspecto femenino de la existencia. Cuando un maestro como Swami Prajñanpad emplea las palabras "ser libre", eso significa ser en sí mismo radicalmente libre, absolutamente libre, por lo tanto, libre de toda dependencia en lo que se refiere a todos los sustitutos y todas las transferencias del padre y de la madre que han reinado sobre los primeros años de nuestra existencia.*

◎◎◎◎◎

Swamiji is not a psychoanalyst for the patients.
Swamiji no es un psicoanalista para pacientes.

Yo llegué con Swami Prajñanpad viendo de entrada tan solo al gurú hindú, tal como los textos tradicionales y mis encuentros precedentes me lo hicieron entrever. Y muy pronto descubrí que era también eso que podríamos llamar un psicólogo muy fino. Él nos acogía con nuestras heridas emocionales y nuestras complejidades psíquicas. Pero esa no era la esencia de su función. A este respecto, voy a retomar las expresiones del psiquiatra Jacques Vigne, "el psicoterapeuta cura el ego, la vía cura del ego", el psicoterapeuta cura el mental, la vía cura del mental*.

◎◎◎◎◎

A fully positive approach to life.
Un enfoque plenamente positivo de la existencia.

Swamiji me decía que si un niño se siente realmente querido y amado al inicio de su existencia, aunque sufra shocks, conservará en lo más profundo de sí mismo un enfoque positivo; pero si este no hubiera sido el caso, y estuviera marcado por traumatismos muy fuertes desde temprana edad, antes de que hubiera podido experimentar verdaderamente el amor, tendrá una percepción dolorosa de la existencia. Alguien que tiene un enfoque negativo de la existencia considera que la vida misma es absurda, desastrosa. Pero puede ser que descubra la dimensión espiritual y llegue a la conclusión de que más allá de esta existencia desoladora, reina otra realidad que se presenta luminosa.

La fuerza de vida que es pura y absolutamente positiva reside en nosotros y siempre permanece intacta. La fuerza de vida permanece intacta en todos, y aunque la marca negativa esté muy cercana a la fuente, todos, más allá de su desaliento o de su ausencia de fe, seguirán indemnes. Nadie es destruido en la fuente, nunca, eso es imposible.

Tan mutilados como pudieran ustedes estar, podrán estar seguros de que, en lo profundo, permanecen no afectados. Basta con que reencuentren esta consciencia que conocían antes del momento en que se grabó en ustedes la herida.

Ser positivo es tomar apoyo sobre lo que hoy se les presenta como sufrimiento, a la vez que conservan la esperanza y la fe. Es atreverse a creer que la existencia tiene amor por ustedes en el mismo instante en que parece estar traicionándolos. Si dicen sí a estos aspectos dolorosos, verán que ellos llevan en sí la promesa de una alegría más grande.

Si consiguen decir sí con todo su corazón, un sí a lo que es bajo circunstancias difíciles, tendrán una prueba de que la vida no es ingrata.

SÍ, SÍ, es la palabra más positiva de todas, es la palabra mágica. Digan sí a su vida, verán cuantos milagros se producirán. Si están en la verdad, se conectarán de inmediato con una corriente profunda con la que habitualmente no están en contacto y atraerán nuevas oportunidades. Aunque la vida no les haya dado aún, cambien su actitud, sean positivos. Pero sepan mostrarse perseverantes.

– *L'audace de vivre*, capítulo "El enfoque positivo".

◎◎◎◎◎

Swamiji had a past; Swamiji has no past.
Swamiji tuvo un pasado, Swamiji no tiene pasado.

Hubo una historia –individual– y esa historia se detuvo, ese proceso se detuvo. Después ya no existe más que el instante. La impresión tan fuerte de que ya no hay pasado, de que ya no hay futuro, provoca a la vez que ya no haya más que el instante y, al mismo tiempo, ese instante aparezca como definitivo, como si el tiempo se hubiera detenido. Es la realización del eterno presente.

– *Tú eres Eso*, capítulo "Del niño al sabio".

Tercera parte
Una vía de crecimiento interior

Del infantilismo al estado adulto

Only myself, myself and others, others and myself, others only.
Sólo yo, yo y los otros, los otros y yo, solo los otros.

La vía justa va de "sólo yo" a "yo y los otros", después a "los otros y yo" del verdadero adulto, y a "sólo los otros" del sabio. Querámoslo o no, de todas formas, la vida es cambio perpetuo. Este cambio es a la vez una destrucción y un crecimiento, una evolución, del niño al adulto y del adulto al sabio. El ego se amplía, se ensancha y se borra. La dignidad del ser humano es la que le requiere no permanecer como niño demandante, frustrado, exigente, y transformarse en un adulto cuya naturaleza es dar y no ya solo recibir.

– *Monde moderne et sagesse ancienne*, capítulo "El fin de las madres".

Swamiji se apoyaba en la metafísica pero, al mismo tiempo, sin que la conexión entre los dos se perdiera, nos regresaba sin cesar a la realidad de nuestro egoísmo y nos hacía comprender que no había ninguna esperanza de meditación mientras este egoísmo no fuera completamente rebasado. La importancia de este no-egoísmo puede parecer a algunos como moralista, pero Swamiji le daba una grandeza y una amplitud extraordinarias. Era la sabiduría suprema la que comenzaba a hacerse verdadera y a intervenir en nuestras existencias con la posibilidad de que algo cambiara. Entonces, el punto de salida se volvía claro, la meta se volvía clara, y la vía se volvía clara: del egoísmo al no-egoísmo.

Liberarse del egoísmo es el asunto de toda una vida.

– Más allá del yo, capítulo "Egoísmo e infantilismo".

◎◎◎◎◎

You are a beggar, you are begging for love.
Usted es un mendigo, mendiga amor.

Swamiji un día me dijo tranquilamente: "¡Usted es un mendigo, Arnaud, mendiga amor!". Para comprender el alcance de esta frase, hay que situarse en el contexto de la India, donde los mendigos no se contentan con estirar la mano, lo persiguen a uno, se hincan frente a uno, le jalan la ropa, caminan veinte minutos a su lado sin dejar de pedir.

La mayoría de los adultos no son verdaderamente adultos. Pueden ser exitosos, eminentes en su profesión. Un cirujano que logra perfectamente sus operaciones, respetado, aun amado por el personal hospitalario, puede ser emocionalmente infantil y mendigar también: ¡ámeme, ámeme, ámeme! Esta demanda es más o menos reconocida o negada, pero permanece. Reconozcámosla y seamos benevolentes hacia nosotros: este niño pequeño que fui continúa sufriendo dentro de mí, tiene miedo dentro de mí, pide dentro mí; de acuerdo, pero no me quedo ahí. El otro existe, yo también existo. Sí, todavía es el ego, la dualidad, pero usted irá encontrando poco a poco una confianza nueva en usted. Va a darse cuenta que Dios lo ama. Más allá del amor que le puedan aportar ciertos seres, es una gran experiencia el sentirse llevado, amado, sostenido, pero no por un ser humano en particular. Usted descubrirá esta realidad: la vida me lleva aquí y ahora, la existencia me sostiene. Solamente que, hasta aquí, siempre habíamos buscado en el exterior.

Un día preciso en el ashram de Swamiji, en una época en la que yo estaba bien —había salido de mis dificultades profesionales y manifestaba cierta audacia—, sentí: busco una mano grande de adulto donde poner mi pequeña mano de niño. Cuando vi esto, por fin fui maduro para no buscar ya en el exterior como lo había hecho hasta entonces, sino dentro de mí. Si usted busca, encontrará en usted una fuerza que va a liberarlo más y más de esta dependencia. Entonces, podrá libremente encontrar al otro que él también está ahí, con sus propias demandas. Hay que entrenarse.

— *Regreso a lo esencial*, "Reunión del tercer día".

Swamiji citaba un proverbio: "Ninguna cadena es más fuerte que el más débil de sus eslabones". *Ningún ser humano es más fuerte que su debilidad más grande.* Y esta debilidad más grande significa su mayor infantilismo. Busque el eslabón más débil de la cadena. Ese es el que puede romperse. No se deje engañar por sus logros intelectuales, familiares, profesionales, artísticos, cualesquiera que sean. No se ilusione con sus fortalezas, tenga la honestidad de medirse con su debilidad mayor.

— *Tú eres Eso*, capítulo "Del niño al sabio".

◎◎◎◎◎

Other dependent, self-dependent, independence.
Dependiente del otro, dependiente de sí mismo, independiente.

Swami Prajñanpad utilizaba tres expresiones: dependiente del otro, depender de uno mismo y, finalmente, ser independiente, es decir, más allá del ego, más allá de "yo y el otro". Hemos buscado mucho tiempo la confirmación tranquilizadora de nuestra existencia en la mirada de los otros, porque se interesaban en nosotros. Esta confirmación es remplazada por otro sentimiento que emana de dentro, intrínseco: soy. Existo. No necesito a nadie para ser. A partir de ahí –depender de uno mismo– usted puede volverse hacia el otro y acogerlo.

– *Regreso a lo esencial*, "Reunión del tercer día".

Ya que el hombre no se siente completo en sí mismo, su ser, aparentemente exiliado de su Fuente, experimenta la necesidad de objetos, de ahí la dependencia. Toda dependencia es la prueba de lo inacabado del ser. La independencia es poder ser dejado solo, abandonado, y al mismo tiempo sentirse cada vez más seguro.

– *Monde moderne et sagesse ancienne*, capítulo "El camino del ser".

⊚⊚⊚⊚⊚

Dissociate adult and child.
Disocie el adulto y el niño.

Aún si progresan en el camino y que como adultos se vuelven más lúcidos, más maduros, más inteligentes, el niño en ustedes, él, subsiste tal cual es. Él no evoluciona, no madura. Permanece. Simplemente jugará un rol cada vez menos importante en sus existencias. Pero aun habiendo progresado mucho, habrá todavía momentos en que él, el niño de dos años que no ha cambiado para nada, aflorará a la superficie. Su progreso se mide en la manera en la que se sitúa usted frente a ese niño. Para él, ciertas situaciones seguirán siendo insoportables, en el sentido de que, si fue marcado por un abandono, toda señal actual de abandono tocará una llaga en carne viva. El síntoma de hoy será interpretado emocionalmente y mentalmente por el niño. Es la apreciación de una situación presente por parte de un cerebro y un corazón pueril, es decir, una visión –errónea, cierto, pero que se impone– de la realidad a la que el niño da inevitablemente un contenido amenazador, desgarrador, intolerable.

No intenten esta acrobacia que consistiría en que el niño en usted acepte lo que de ninguna manera aceptará, este niño cuya definición es la de no poder sino rechazar. Busquen como adultos disociarse del niño. Consideren que hay en ustedes dos lugares psicológicos, dos maneras de situarse, una que es el niño, con sus emociones dolorosas, la otra que es el adulto, el cual está relajado, a gusto, en paz. Son dos mundos completamente diferentes pero es posible pasar de uno a otro.

La cuestión entonces no es hacer crecer al niño sino disociar al adulto del niño. O bien, otra manera de expresar la misma idea: uno no cura las huellas del pasado, uno emerge de ellas.

– *La Voie et ses pièges*, capítulo "La tiranía del pasado".

Disociar al adulto y al niño no implica una dualidad, porque lo que es real, hoy, es el adulto que ve las cosas tal cual son, mientras que el niño, él, pertenece al pasado. Si logran disociar al adulto del niño, podrán estar en el mundo real, aquí y ahora, y no en el mundo recubierto por las proyecciones del niño. Swamiji decía: "El ego es el pasado que recubre al presente". El ego es el niño en ustedes que viene a recubrir el presente. Pueden ver en ustedes al niño que siempre está ahí, para educarlo con amor. Pero mientras el niño permanezca ahí, no serán ni adultos ni sabios.

— *Más allá del yo*, capítulo "Egoísmo e infantilismo".

◎◎◎◎◎

Bank is mother.
El banco es la madre.

Hay un simbolismo importante alrededor del dinero y es un tema sobre el que muchas obras de psicoanálisis dicen cosas concluyentes y convincentes. El dinero representa la seguridad. Swamiji me dijo un día: "El banco es la madre". A partir de que un niño tiene necesidad de algo, se lo pide a su madre. Más tarde, si tengo necesidad de algo, tengo que poder pagarlo y debo entonces pedirle a mi banco. Y si mi cuenta bancaria no está lo suficientemente provista para poder pagar lo que me parece necesario, el banco se convierte en una mala madre. La relación problemática con el dinero puede venir de la huella de un trauma en la antigua relación con la madre. Mamá provee, como la Providencia, y el banco provee: necesito dinero, mi cuenta me lo da. Si no tuvimos una relación que nos diera seguridad con nuestra madre, es posible que seamos más frágiles, no solamente con relación al problema de ganar dinero, sino en relación al miedo de no tener.

— *Regreso a lo esencial*, "Reunión del cuarto día".

To have emotions is to be a child. Only a child has emotions, not the adult.
Tener emociones es ser un niño. solo un niño tiene emociones, no el adulto.

100% adult, that is the sage.
100% adulto, eso es el sabio.

Es necesario que ustedes se transformen completamente en adultos. Pero nosotros, los occidentales, no estamos suficientemente desarrollados en este aspecto. Vemos bien que ciertos comportamientos de adultos son infantiles pero no vamos a fondo en la comprensión de esto. El hombre occidental hoy, aun el psicólogo, no entrevé más que un adulto relativamente adulto. Ese no es el verdadero adulto. Porque de un ser que se muestra menos infantilmente dependiente, impulsivo e impaciente, que tiene menos necesidad infantil de recibir y tener, decimos que se ha vuelto adulto. Persiga esta evolución, persiga este crecimiento hasta un grado que le parezca quizás sorprendente, pero que representa la meta, la liberación, la sabiduría. Es simplemente la continuación, la prolongación natural, del mismo proceso.

– *Tú eres Eso*, capítulo "Del niño al sabio".

◎◎◎◎◎

The sage is an enlightened child.
El sabio es un niño iluminado.

El niño puede ser tomado como representación de la sabiduría porque vive mucho en el instante presente, manifestando una participación directa e inmediata en la existencia. El mecanismo del mental que falsea la espontaneidad a través de la comparación está menos desarrollado en el niño.

Como lo decía Swami Ramdas:[15] "*Be childlike!*" – "sea como un niño". Y agregaba, con un guiño y una sonrisa: "*but not childish*", "pero no infantil".

– *Tú eres Eso*, capítulo "Del niño al sabio".

◎◎◎◎◎

Bring Swamiji the wife (or husband)'s certificate.
Traiga a Swamiji el certificado de la esposa (o esposo).

Swamiji estimaba que el cambio de un discípulo debía ser puesto a prueba en la relación, y que no podía ser considerado como logrado hasta que recibiera la confirmación del cónyuge.

---

15. Swami Ramdas: célebre sabio hindú, muerto en 1963.

El camino para "ser"

Ser

To be is to be free from having.
Ser es ser libre de tener.

Ser, es estar arraigado en la vida universal y estar situado en el lugar exacto que le compete a uno en el universo. Es depender de uno mismo y no del exterior; es encontrar en sí mismo su plenitud y su fuerza. Es intercambiar libremente con los otros, no estar situado en la servidumbre de los deseos y los temores.

Por no conocerse a sí mismo y por no haber realizado el Ser indestructible en el corazón de su ser perecedero, el hombre sometido a su estado de consciencia limitada, separada, condicionada, aspira en vano a ser de una manera absoluta. Siente la necesidad de afianzar y de confirmar su ser, poseyendo aquello que se le escapa o destruyendo aquello que se le opone. El hombre se siente ser al poseer, desea tener en la misma medida en la que él no es. Pero la verdadera expansión del ser se efectúa, al contrario, a través de la libertad frente al tener; crece a medida que disminuye el deseo de tener. El deseo de tener es siempre una esclavitud. El hombre es esclavizado por aquello que desea adquirir, o por aquello que teme perder, está obligado a actuar para ganar o para conservar, indefinidamente, sin paz y sin reposo.

Ser, es estar libre del tener bajo todas sus formas, es estar completo en sí mismo, desapegado, disponible para tornarse hacia los otros sin egoísmo.

— Monde moderne et sagesse ancienne, capítulo "Tener o ser".

El verbo auxiliar "tener" hace referencia al infantilismo, y el auxiliar "ser", al estado adulto. Un niño, dado que es tan dependiente, tiene necesidad, imperiosa necesidad, de tener. Un adulto tiene cada vez menos necesidad de tener y encuentra cada vez más su gozo, plenitud, seguridad, en el ser. El porcentaje de necesidad de tener o de libertad con respecto al tener lo pueden entender como el porcentaje de infantilismo o de estado adulto en ustedes. Bien entendido, es completamente normal que un niño sea infantil. Lo que ya no es normal es que un adulto siga siendo infantil.

— Tú eres Eso, capítulo "Del niño al sabio".

◉◉◉◉◉

Every place is a place to be.
Todo lugar es un lugar para ser.

Entre 1959 y 1973, llevé a cabo varios viajes en Asia, asociando la filmación de películas para la Televisión Francesa con estancias en ashrams o monasterios. El trayecto París-India y el regreso se llevaban a cabo en automóvil, frecuentemente acompañado por mi esposa e hijos. El periplo entre los años 62-63 fue una larga sucesión de descomposturas mecánicas, teniendo yo que dejar el automóvil en talleres turcos, iraníes, afganos, pakistaníes, e indios, en donde tuve que pasar largas jornadas supervisando las reparaciones. La expedición del 64-65, durante la cual me encontré con Swamiji por primera vez, se llevó a cabo con una gran Land Rover diesel. Pero yo aun estaba, si puedo decirlo así, todavía traumado por las interminables jornadas pasadas en los talleres orientales. Lo comenté un día frente a Swamiji, el cual simplemente dejó caer estas palabras: "Todo lugar es un lugar para ser".*

◎◎◎◎◎

El dharma,
vía privilegiada para "Ser"

An individual and a person.
Un individuo y una persona.

Swamiji distinguía entre el individuo y la persona. Un individuo no toma en cuenta el dharma. Es un adulto que sigue siendo infantil. Y una persona es un ser humano que reconoce el dharma, ya sea su dharma de padre, su dharma de hijo, su dharma de carpintero, su dharma de patrón, cada quien su propio dharma. ¿Qué llevo en mí?

Los pinos cumplen con su dharma, los pájaros cumplen con su dharma. El hombre puede ir más allá del dharma y alcanzar el plano de la libertad absoluta, más allá de todos los dharmas. Pero el precio a pagar es que también el hombre puede violar completamente el dharma.

Swamiji me dijo un día una frase inmensa que se insertó en mi propio destino personal, pues el camino de Swamiji nunca estaba fuera del aquí y ahora ni del caso personal de cada quien, nunca en lo general, siempre en lo particular. Yo había iniciado un proceso de divorcio. Swamiji, un día, me mira y deja caer estas palabras que me estremecieron –tanto más que desde hacía un año él había entrado con una paciencia infinita en mi juego, en todas las vicisitudes de mis emociones, de mis demandas y de mis reacciones–: "*An individual divorces, a father does not divorce*", "Un individuo se divorcia, un padre no se divorcia". No era soportable oír eso, en aquel día, en aquelas condiciones, y sin embargo entendí y comencé a sentir lo que contiene la palabra dharma.

– *Más allá del yo*, capítulo "Vivir conscientemente".

Existen dos tipos de seres humanos. Algunos viven según sus impulsos, sus gustos, sus aversiones, sus miedos, dicho de otra manera están movidos por aquello que les gusta o les disgusta, y esto en todos los dominios: en el amor, en la educación, en política, en arte y en todas sus relaciones. En ellos el individuo es todopoderoso. Hay también seres que no viven en la consciencia eterna de la unidad, pero que actúan según la justicia, según lo que es justo. Llegan a ser personas, camino hacia el Sabio.

– *Les chemins de la sagesse*, capítulo: "Desapegarse".

Si observan bien, verán que la existencia les pide a cada instante representar un papel. Y allí volvemos a encontrar la diferencia entre lo que Swamiji llamaba "*an individual and a person*". El individuo solo conoce un papel: el de "yo". Y tiene que imponerse por doquier: si está triste, impone su tristeza a todo el mundo; si está contento, impone su alegría a todo el mundo –sería capaz de contar chistes el día de un entierro simplemente porque así "le late"–. aquel que se convierte en "una persona", es aquel que acepta, poco a poco, representar todo el tiempo el papel que imponga la situación. Entonces, ese papel lo guía, lo lleva y se encuentra en una situación comparable a aquella de un actor, es decir que su ego está todo el tiempo detrás del escenario.

Esta posibilidad de representar un papel es la posibilidad de sobrepasar al ego. Pero durante mucho tiempo tenemos la impresión de que estos papeles, que corresponden a diferentes facetas del dharma, son obligaciones.

– Más allá del yo, capítulo "Representar su papel".

Lo que parece como un sacrificio al individuo que se siente el centro del mundo y regresa todo a su ego, no es para nada sacrificio para la persona cuya dignidad consiste en vivir en relación, cuya dignidad es crecer o progresar en el Ser.

– Monde moderne et sagesse ancienne, capítulo "El camino del ser".

◎◎◎◎◎

Man has no duty, man has only right and privilege.
El hombre no tiene obligaciones, el hombre solo tiene derechos y privilegios.

Muy seguido vemos la palabra sánscrita "*dharma*" traducida al inglés por "*duty*" o al español por "deber". Swamiji me había hecho notar cuán equivocada estaba esta traducción. El dharma nunca es un deber; es un privilegio, un derecho. Tiene usted el privilegio de tener papeles asignados todo el tiempo, y si observa usted atentamente, verá que estos papeles son siempre magníficos. Este privilegio de jugar varios papeles seguido, es la posibilidad de escapar al ego. Es un privilegio ser padre –no es un "deber" el tener la oportunidad de ocuparse de sus propios hijos–. Es un deber si somos un egoísta y un individuo, pero si estamos en el proceso de convertirnos en personas, nos damos cuenta que es un derecho, *el derecho de ser*.

La palabra "deber" a la que damos el sentido de una obligación más o menos restrictiva, nos induce al error. No es un deber para un profesor el enseñar, es un derecho. Para un médico, el curar no es un deber, sino un derecho: tiene el derecho de curar. Una madre, como consecuencia, tiene el derecho de ocuparse de sus hijos. Y este es el sentido de la palabra "dharma" que etimológicamente significa: lo que sostiene, lo que mantiene, lo que hace que las cosas sean lo que son. Un profesor que no enseña no es un profesor; quizás un diploma universitario de literatura, pero ya no es profesor.

Si usted ya no tiene dharma, si usted es únicamente un individuo arrastrado por sus impulsos, sus reacciones, sus deseos, ¿qué es usted? Usted ya no es nada. Usted ya no es ni padre, ni hijo, ni amigo, ni director –¡usted ya no es nada!–. Son todos estos dharmas los que lo mantienen, los que lo hacen ser. Y si usted escamotea todos los dharmas, lo que lo mantiene o lo que lo sostiene ya no existe más, y usted deja de ser.

El dharma, bajo sus diferentes caras, es lo que nos da el derecho de ser –SER–. Si no, eso no se llama más ser. Eso se llama existir, o comportarse como una máquina o una marioneta.

– *Más allá del yo*, capítulo "Representar su papel".

◎◎◎◎◎

Not at the cost of your life.
No a costa de su vida.

Un individuo llevado por su egocentrismo escoge las soluciones que le convienen más en el momento, aunque sea en detrimento de otro. Una persona más adulta naturalmente hace pasar el interés del otro antes que el propio. Pero ese no-egoísmo no justifica mantener situaciones destructivas que no serán a fin de cuentas, felices para nadie.*

La dignidad del hombre

Man as man.
El hombre, en tanto que hombre.

Swamiji me citó un día esta frase del Mahabharata:[16] "Y ahora, te voy a decir el secreto de todos los secretos: en todo este universo, no hay nada más grande que el Hombre".

Swamiji consideraba que el "Hombre", era el hombre realizado, el hombre unificado, el hombre liberado de las emociones, liberado del mental, liberado del egoísmo y no el hombre inseguro, todavía prisionero de sus miedos, deseos, cobardías, pasiones y de su aislamiento entre los demás, conflictivo, vengativo, adolorido, arrastrado, incapaz de amarse y de amar a los otros, separado de lo infinito. Este no es más que una semilla de hombre, una potencialidad de hombre. Pero esta semilla y esta potencialidad están en todo hombre.

> – *Un grain de sagesse*, capítulo "He aquí el Hombre".

⊙⊙⊙⊙⊙

---

16. Mahabharata: Gran epopeya hindú centrada en Krishna y que contiene la célebre Bhagavad-Gita.

You, yourself, in your own intrinsic dignity.
Usted, usted mismo, en su propia dignidad intrínseca.

El reto se sitúa entre el ser real que vive en usted, la parte más inteligente, "usted, usted mismo en su propia dignidad intrínseca" y, por otra parte, el mental. Swamiji me había dicho igualmente: *"You and your mind"*, "usted y su mental". Como el mental es bastante poderoso, muy a menudo el *usted*, el ser real, se encuentra sumergido como una roca bajo la marea alta.

– *La Voie et ses pièges*, capítulo "El pensamiento precede a la emoción".

Dharma casi siempre es traducido como deber, pero la palabra que conviene es la de dignidad. La dignidad, para un ser humano, es el sentimiento de su propia función intrínseca. Con la dignidad, estamos en el corazón mismo del ser (como opuesto al tener).*

◉◉◉◉◉

It is below your dignity.
Está por debajo de su dignidad.

Está por debajo de mi dignidad comportarme de cierta manera, realizar ciertas acciones. No es un asunto de moral, está por debajo de mi dignidad.

– *Un grain de sagesse*, capítulo "He aquí el Hombre".

A medida que avanzamos en el camino, que somos más y más libres frente a nuestras emociones, rechazos y deseos, que somos cada vez menos egoístas, la acción cambia. Un sentimiento nuevo de dignidad personal comienza a intervenir, a través del cual encontramos satisfacción en el valor de la acción. Las motivaciones impulsivas e individualistas del ego se borran poco a poco y crece una convicción de que el actuar como un niño llevado por la emoción está por debajo de nuestra dignidad.

— *En busca del Sí-mismo*, capítulo "Mahakarta, mahabhokta".

◎◎◎◎◎

To give a high opinion of what man is.
Dar una alta opinión de lo que el hombre es.

En la época en que trabajaba en la televisión y donde tenía la posibilidad de hacer emisiones importantes, estaba muy preocupado por la responsabilidad de los artistas, escritores, periodistas, autores, guionistas, productores de películas y de todos aquellos que ofrecen a sus contemporáneos alimentos intelectuales, espirituales o artísticos. Comprendía bien que no se puede pedir a todos los autores, creadores y artistas que se dediquen únicamente a esculpir Budas o a filmar exclusivamente a sabios hindús o tibetanos, como yo lo hacía. Le había preguntado a Swamiji: "¿Cómo podemos apreciar el valor del alimento que uno mismo ofrece o que otros proponen al público?". Swamiji me dio una muy breve respuesta: "Dar una alta opinión de lo que es el hombre".

— *Un grain de sagesse*, capítulo "He aquí el Hombre".

Fulfillment
Cumplimiento

To know is to be.
Conocer es ser.

Usted no tiene ningún conocimiento real de sus pensamientos, emociones, sensaciones –de todos sus funcionamientos– porque usted nunca *ha sido* verdaderamente real,
sin dualidad a la luz de la vigilancia, sus pensamientos, sus
sensaciones, sus emociones. Siempre ha habido cierto desfasamiento; lo cual hace que usted nunca haya conocido lo
que vivió.

– *Más allá del yo*, capítulo "El yoga del conocimiento".

⊚⊚⊚⊚⊚

Do you want half life or full life?
¿Quiere usted media vida o una vida completa?

La forma habitual de ver las alegrías o las penas, dis-
tinguiendo muy precisamente lo que nos hace felices de lo
que nos hace infelices, lo que nos gusta de lo que no nos
gusta, hace que nuestra vida no esté situada en la beatitud,
sino en el temor. Se vive con un fondo de temor porque uno

está marcado por esta dualidad: hay lo que es favorable y lo que es desfavorable. Y esta amenaza estará siempre allí. Esto hace que no solamente a uno no le gusten y no aprecie las experiencias llamadas dolorosas, pues las rechaza de todo su ser, sino que tampoco aprecia, ni saborea, las experiencias llamadas dichosas, porque no está uno completamente unificado con la experiencia. El hecho de rechazar el aspecto negativo, cruel, de la existencia, lo priva a uno también del aspecto feliz.

Antes de comprender que los acontecimientos trágicos no son dolorosos, es posible comprender que el sufrimiento, *en tanto que emoción*, no es doloroso, es decir, mirar y abordar el sufrimiento propio de una manera nueva. Y el situarse de una manera enteramente nueva con respecto al sufrimiento es la desaparición del miedo.

No podrá descubrir el secreto de este mundo y de sí mismo a menos que cuente usted con todos los elementos para descubrirlo.

¿Cómo puedo descubrir el secreto del ser, el secreto de la realidad, el secreto del universo, el secreto de mí mismo, si no acepto más que la mitad de los datos del problema?

Swamiji me decía: "¡Oh! Arnaud, ¿puede usted contentarse con una vida a medias, una mitad de vida, y perderse la plenitud de la vida?".

— *En busca del Sí-mismo*, capítulo "Mahakarta, mahabhokta".

◎◎◎◎◎

I have done what I had to do, I have got what I had to get, I have given what I had to give.
Hice lo que tenía que hacer, recibí lo que tenía que recibir, di lo que tenía que dar.

No hay un logro espiritual que pueda ser separado de un logro en la existencia. *Su logro espiritual nunca será la culminación de una vida fracasada.*

— *Más allá del yo*, capítulo "Vivir conscientemente".

Mientras un hombre sienta la necesidad de obtener, que obtenga. Mientras un hombre sienta la necesidad de dar, que dé. Mientras un hombre sienta la necesidad de hacer, que haga. Una acción que haya sido plenamente lograda —sin que su autor esté dividido o separado de lo real por parte de su mental— deja un recuerdo muy vivo si uno tiene que recordarla, pero no regresa indebidamente el pensamiento al pasado, no corrompe el presente con el pasado. Representa una etapa de una marcha hacia adelante, una progresión desde la estrechez del ego hacia el crecimiento de la persona.

— *Monde moderne et sagesse ancienne*, capítulo "El camino del ser".

No hay culpabilidad al poseer, cuando uno satisface de manera legítima los deseos normales inherentes a la naturaleza humana. A partir de ahí, se puede considerar la superación de los deseos y de los miedos. Un camino justo nunca podrá reducirse a la fórmula: "Mueran, sufran, renuncien a todo, prívense de todo". ¿Quién podría escuchar ese tipo de lenguaje? Es necesario que el camino se pueda entender primero como una promesa. Enseguida hay ciertas condiciones para el cumplimiento de esta promesa. Pero el ego negado, frustrado, herido, mutilado, nunca se transformará y no revelará jamás al "Sí mismo".[17] Se quedará debatiéndose en su sufrimiento, es todo.

Al mismo tiempo, el cumplir todos los deseos, todos los caprichos, todos los infantilismos del ego tampoco constituye el camino. Valor, esfuerzos intensos, disciplina rigurosa, una perseverancia inquebrantable, son y serán indispensables. Es en esto que el camino es delicado y que es necesario tener la guía, tanto de una enseñanza, como de un guía de carne y hueso, de manera que el ego sea satisfecho, pero de una manera que lo lleve a borrarse y no a reforzarse. Allí está todo. El ego tiene que estar satisfecho. Hay una manera de satisfacerlo que lo lleva a reforzarse cada vez más, y una manera de satisfacerlo que lo lleva a agrandarse, a ser cada vez más vasto, y poco a poco a desaparecer. *Fulfill*, decía Swamiji, cumpla sus deseos. La liberación viene el día en que podemos decir: "Hice lo que tenía que hacer, recibí lo que tenía que recibir, di lo que tenía que dar."

– *En busca del Sí-mismo*, capítulo "El estado sin deseos".

---

17. El término el Sí mismo, traducido del sánscrito *atman*, designa a la realidad última más allá de toda concepción de un ego individual.

Cuarta parte
Una relación consciente

La relación con el otro

Another is different.
El otro es diferente.

Estar en relación es aceptar la diferencia, el carácter único del otro. Ver plenamente que el otro no es yo, no es mi alter ego, es el camino hacia la consecución de la unidad y, para empezar, de la comprensión y del amor.

— *Monde moderne et sagesse ancienne*, capítulo "El camino del ser".

⊙⊙⊙⊙⊙

There is no giving without receiving.
No existe dar sin recibir.

"No hay acción de dar sin la acción de recibir". Si usted da, pero el otro no recibe, es como si no hubiese dado. Y si usted no da lo que el otro espera, consciente o inconscientemente, lo que le es necesario, entonces usted no le ha dado nada.

— *Una vida feliz, un amor feliz*, capítulo "El matrimonio".

Durante mi juventud, leí una frase que me hizo reflexionar mucho: "Te amo", y como réplica: "Qué lástima que eso no me haga sentir mejor". Lo que cuenta no es lo que se ha dado, sino lo que ha sido verdaderamente recibido. Algunos regalos nos molestan, nos irritan. Algunos nos sorprenden. Otros nos frustran porque esperábamos otra cosa. Habrá una reacción de parte del que recibió, pero no la que esperábamos a nuestro favor.

Voy a tratar de dar al otro lo que él pueda recibir y no lo que yo tengo ganas de darle. A veces, la magnitud del malentendido salta a los ojos. Algunos hombres me han hecho la lista de lo que le dieron a su mujer y de todo lo que hicieron por ella; pero cuando escuchaba el punto de vista de la mujer, solo era un grito de frustración: "¡No recibí nada!". Oí a una mujer quejarse un día: "Diez veces dije delante de mi marido que no me gustaban las rosas y cada vez ¡me regala rosas!".[18]

Existe un arte de percibir lo que el otro espera de nosotros.

— *El camino del corazón*, capítulo "Todo es yo".

◎◎◎◎◎

Love is calculation.
El amor es cálculo.

El amor ¿es cálculo? ¡Imposible! He aquí el lenguaje de un matemático. Parece cínico hablar así, sin embargo la verdad no es otra. La verdad se sitúa más allá de nuestros sueños, de nuestro idealismo, del idealismo de los otros

---

18. Arnaud Desjardins hace referencia aquí a las entrevistas personales que tenía con sus estudiantes.

que no siempre corresponde al nuestro, y de los conflictos que esto origina. Calculo: "Si hago esto, ¿que va a recibir el otro?". ¿Cómo voy a utilizar mi tiempo, mi energía y mis medios financieros para el mejor rendimiento posible de mis manifestaciones de amor? Decir "te amo" no es una manifestación suficiente de por sí. ¿Cómo hacer sentir al otro que es amado y que recibe? Entonces calculo. Corresponde a cada uno hacerlo de forma realista, en lo relativo, con los factores que le son propios.

El amor es cálculo, el amor es habilidad. Esta habilidad es una forma de inteligencia, una inteligencia de la cabeza, por supuesto, pero sobre todo la indispensable inteligencia del corazón y hasta del cuerpo que puede hacernos sentir: lo que el otro más necesita es un poco de descanso: "Anda, recuéstate y descansa un instante." –"Pero hay que lavar los trastes." –"Pues yo me ocupo de lavarlos". Le ha dado al otro precisamente el descanso que necesitaba. Si tiene un poco de consciencia de su cuerpo, si está atento a sus propias necesidades, comprenderá las necesidades del cuerpo del otro.

A veces, nada es más conmovedor que ser adivinado, comprendido, sin haber hecho ninguna petición. Pero la cabeza no es suficientemente inteligente para sentir estas cosas simples que pueden conmover tanto al otro.

Sí, esta frase de Swamiji me sorprendió: "¡Qué lenguaje tan terrenal para hablar del amor!". Ahora comprendo muy bien lo que quería decir al darme cuenta de que había tanto amor detrás de esta terminología abrupta. Swamiji me demostró, me manifestó un amor infinito, un amor absoluto.

Les voy a dar la clave: el hombre que me enseñó *love is calculation*, es aquel por quien me he sentido no solo lo más amado, sino que amado de la mejor manera, de la forma más inteligente.

– *El camino del corazón*, capítulo "El amor es hábil".

◎◎◎◎◎

Love is helping the other to release his tensions.
El amor consiste en ayudar al otro a relajar sus tensiones.

Esta definición, inesperada a primera vista, es tanto más impactante puesto que muy a menudo es contradicha por la realidad cotidiana. Como bien sabemos todos, el otro, particularmente en la relación de pareja, no siempre está sereno, sonriente, bien dispuesto hacia nosotros. Está momentáneamente víctima de su propio malestar. Observen con qué genialidad destructora nuestra reacción a su malestar puede hacernos decir exactamente las palabras que no deberíamos decir, aumentando así la crispación del otro. Pero, ¿cómo podríamos, con la habilidad del amor y de la inteligencia del corazón, ayudar al otro, si nosotros mismos no estamos totalmente relajados, tranquilos, reconciliados?

La profunda comprensión de esta frase corresponde al *tonglen* de los tibetanos: inspirar la negatividad del otro, expirar la bendición.*

◎◎◎◎◎

Deal with the cause, not with the effect.
Hágale frente a la causa, no el efecto.

A menudo, la impaciencia por cambiar conduce a un error: querer hacer desaparecer los síntomas sin hacer antes desaparecer su fuente.

Esta frase nos concierne, antes que nada, a nosotros mismos. La causa real de nuestras reacciones emocionales y de nuestros comportamientos más o menos compulsivos, nos es desconocida. Entonces, como una psicoterapia, la vía requiere volver conscientes nuestras motivaciones inconscientes más imperiosas.

Pero esta frase también concierne a las relaciones inteligentes con otros, para comprender el origen real de sus comportamientos y poder así entrar en comunión con ellos. Es particularmente valiosa en lo que concierne a la educación de los niños.*

La verdadera razón de la incomprensión general es que los hombres se mantienen en la superficie de los acontecimientos. Viviendo en la superficie de sí mismos, se conforman con la superficie de quienes los rodean. La gente se opone y se pelea porque considera los efectos en lugar de preocuparse por las causas. Y, comprendiendo primero nuestros propios mecanismos profundos, podemos después percibir aquellos de los demás.

Para todo efecto hay una causa. Siempre la profundidad es la que es verdadera, no la superficie.

¿Por qué hay tanta dificultad en ver y escuchar la profundidad del otro? Porque los hombres esperan algo de afuera, de los otros. Esta espera es la que los coloca en dependencia del exterior y los exilia de la dependencia de sí- mismos; el camino de la no-dependencia es la única independencia verdadera. ¿Y qué es lo que espera un hombre? Espera que los otros, o tal otro en particular, sea otro él, un alter ego, sintiendo como él siente, haciendo lo que él espera, amando lo que él ama, dándole lo que él quiere, como si se mirara en un espejo, en todo. El hombre busca desesperadamente encontrar en la piel de su jefe, de su amante, de su hijo y de su enemigo a sí mismo, a sí mismo. El hombre esclavizado proclama acerca de cada uno: "Él es yo".

– *Les chemins de la sagesse*, capítulo: "Ver y escuchar".

◎◎◎◎◎

A slave-keeper is a slave himself.
Quien tiene esclavos, es sí mismo un esclavo.

En la relación infantil o neurótica, el miedo a perder al otro conlleva un impulso a manipularlo, controlarlo, para mantenerlo bajo nuestro dominio y tener la impresión ilusoria de que no podrá escapársenos.

Pero el carcelero, para conservar a su prisionero y poder vigilarlo mejor, está necesariamente encadenado a él. Se convierte así él también en prisionero.*

El hombre y la mujer

What does nature say?
¿Qué dice la naturaleza?

Cuántas veces, a preguntas más o menos intelectuales, Swamiji me contestaba: *"What does nature say?"* No decía ¿qué dicen los Upanishads escritos hace dos mil quinientos años?, sino que ¿qué dice la naturaleza? Miremos por el momento lo que es un hombre y lo que es una mujer. Eso le ayudará a comprender lo que es la masculinidad y lo que es la feminidad.

¿Qué dice la naturaleza? La naturaleza dice que aparte de dos ojos, una nariz y una boca, dos manos y dos pies, el hombre tiene órganos sexuales aparentes, y la mujer tiene órganos sexuales no aparentes. La mujer posee el equivalente de los órganos sexuales del hombre. En lugar de un pene y dos testículos, ella tiene una vagina y dos ovarios. Pero en un caso son patentes, en el otro latentes, donde latente significa simplemente escondido, no visible en el exterior. Y ¿qué más dice la naturaleza? No es la mujer la que deposita el óvulo en el cuerpo del hombre, sino el hombre quien deposita el espermatozoide en el cuerpo de la mujer. La naturaleza misma lo dice: el hombre da y la mujer recibe.

Antes de buscar saber en qué consiste un hombre viril o una mujer femenina, lo que se ha vuelto muy difícil en una sociedad neurótica, podemos ver que la mujer recibe el espermatozoide emitido por el hombre, y por lo tanto que la mujer acoge, toma dentro de ella misma, y el hombre da, emite fuera de sí mismo. Si existe una feminidad y una masculinidad, un yin y un yang, el aspecto femenino es un aspecto de recepción, de acogimiento, de interiorización, de maduración escondida en la profundidad, el aspecto masculino es un aspecto de proyección hacia el exterior. Todo lo que es acogimiento, recepción, tomar en el interior y dejar madurar es femenino. Lo que es, al contrario, proyectar, promover, el mismo procrear –la mayoría de los verbos que inician con *pro-* es masculino.

En todos nosotros, seres humanos, el principio femenino es un principio de profundidad. Todo lo que para nosotros está asociado a la profundidad, es de naturaleza femenina. Todo lo que está asociado con el pasaje de la profundidad a la superficie, es de naturaleza masculina. Por lo tanto, se puede decir que el esfuerzo de la meditación es de esencia femenina, puesto que se trata de interiorizarse, de entrar en la profundidad de uno mismo, y se puede decir que el espíritu de empresa, el deseo de moldear el mundo, son de esencia masculina. Pero es bien cierto que es desde la profundidad que nace en todo ser equilibrado la acción. Es del océano que emergen las olas y es de las zonas profundas de nosotros mismos que emerge la acción justa.

Las impresiones, las sensaciones que nos llegan de fuera, penetran en nosotros. Nos tocan en el nivel femenino de nosotros. Esto es cierto tanto para las mujeres como para los hombres. Cada vez que una percepción nos llega, si somos aunque sea un poco equilibrados –porque por lo general somos neuróticos con respecto al tema que toco el día de hoy–, nos encontramos en una actitud femenina. Un elemento venido de fuera penetra en nosotros y en nosotros se lleva a cabo una maduración, una gestación, que es, también femenina. Enseguida, respondemos a la situación, o bien, demasiado a menudo, reaccionamos mecánicamente; y esta respuesta o esta reacción es de esencia masculina. Dicho así es simple, pero es la clave de una comprensión real de sí mismo por un lado y, por el otro, de la relación justa entre los sexos. Si la humanidad debe ser feliz, es importante que las mujeres sean cómoda y naturalmente mujeres y que los hombres sean cómoda y naturalmente hombres.

— *Una vida feliz, un amor feliz*, capítulo "El hombre y la mujer".

Los cinco criterios
para un amor exitoso

Un día Swamiji me enunció cinco criterios gracias a los cuales se puede reconocer el profundo valor de una pareja. Estos cinco criterios existen en función de una duración, de un camino a seguir juntos: *to grow together*, crecer, desarrollarse, avanzar juntos en el camino de la madurez, de la plenitud.

⊕⊕⊕⊕⊕

Feeling of companionship.
El sentimiento de compañerismo.

El primero de estos criterios es el sentimiento de ser dos compañeros. Tener un compañero es no volver a sentirse solo(a). Hay alguien a mi lado que me comprende, con quien me gusta intercambiar, con quien me gusta compartir, con quien me gusta actuar, hacer las cosas juntos.

El marido o la esposa debe ser también nuestro mejor amigo. La esposa debe poder interpretar para el marido todos los papeles que una mujer puede interpretar para un hombre: y el marido debe poder interpretar para su mujer todos los papeles que un hombre puede interpretar para una mujer. El hombre –o la mujer– se siente colmado y no siente más la nostalgia de encontrar por otro lado aquello que no le falta.

Si este sentimiento de haber encontrado un verdadero compañero existe, se enriquece con los años, con las experiencias compartidas, con los recuerdos, contrariamente a la pasión amorosa ordinaria condenada a perder su intensidad como un fuego que se consume y se apaga.

◎◎◎◎◎

At easeness.
Estar a gusto.

El segundo criterio es todavía más simple. Sentirse a gusto: el hecho que las cosas sean fáciles, soltura: el hecho de que las cosas sean fáciles, cómodas. Sentirse uno bien. Es una relación que no nos lleva a malgastar una gran cantidad de energía en emociones. Sin embargo, demasiado seguido, en la fascinación amorosa, hay estupor, momentos intensos, pero no hay ni relajación ni facilidad; o, aun más, se establece una cierta facilidad pero en la rutina, en la monotonía, y queda en el corazón una necesidad.

◎◎◎◎◎

Two natures which are not too different.
Dos naturalezas que no sean demasiado diferentes.

Es normal que haya una diferencia y una complementariedad entre un hombre y una mujer. No encontraremos nunca nuestro alter ego: otro yo-mismo que, a cada instante, sea solo la encarnación de nuestra proyección del momento. No vamos a encontrar jamás una mujer que sea siempre exactamente lo que queramos, que tenga exactamente el humor o el estado de ánimo que deseamos, la expresión o el timbre de voz que esperamos, ni que pronuncie las palabras que esperamos –jamás–. Y eso hay que saberlo. El querer que el otro sea únicamente el soporte de mis proyecciones y que responda a cada instante a aquello que mecánicamente yo le pida, es una demanda infantil, indigna de un adulto, destructora de toda tentativa de pareja. Es una ilusión que tienen que extirpar. El otro es otro. Y aun si se establece una comunión, el otro nunca tendrá nuestro inconsciente, nuestra herencia. Siempre habrá una diferencia.

Pero si las naturalezas son demasiado diferentes, ninguna vida en común es posible y este amor será ganado por la realidad. Los casos extremos nos parecerán evidentes. Si un hombre es más bien solitario, ama las largas caminatas en el campo, la vida en la naturaleza, y una mujer no sueña más que en cosas mundanas y fiestas, es claro que las naturalezas son demasiado diferentes. Desgraciadamente eso no impide enamorarse.

Dos naturalezas que no son diferentes, eso no existe. "Dos naturalezas que no sean demasiado diferentes", de otra forma el entendimiento mutuo estará por encima de nuestras capacidades respectivas. Se necesitaría estar mucho más avanzado en el camino de la libertad interior para poder formar una pareja apacible con una persona cuya naturaleza sea radicalmente diferente de la nuestra. La fascinación amorosa ignora soberbiamente la incompatibilidad de dos naturalezas. Creemos de buena fe poder amarse, pero no existe la posibilidad de un verdadero entendimiento mutuo. La complementariedad del hombre y la mujer descansa sobre la diferencia, pero descansa también sobre la posibilidad de asociación, compenetración, complicidad.

⊚⊚⊚⊚⊚

Complete trust and confidence.
Una fe y una confianza totales.

Está claro que muchos hombres y mujeres hoy están heridos hasta el fondo del inconsciente por traiciones pasadas vividas en la niñez, o en la pequeña infancia. Esta clase de herida no facilita la comunión, el enfoque abierto, la entrega mutua del yo en el amor.

¿Esta persona ha sabido inspirarme una real confianza? Del fondo de mí surge este sentimiento: puede cometer errores, puede equivocarse, inclusive puede hacer algo que me cause una gran dificultad momentánea, pero no puede hacerme daño. Fundamentalmente, lo que domina es esta certeza.

El matrimonio no puede ser un camino espiritual hacia la sabiduría si esta confianza y esta fe no existen, si se vive en el miedo. Tienen que ser más fuertes que su infantilismo y no destruir ustedes mismos una relación preciosa por una desconfianza completamente injustificada. Es necesario que los integrantes de la pareja ya no sean totalmente infantiles, que tengan una cierta comprensión de sus propios mecanismos y decidan sobrepasarlos, ser más adultos.

Sólo esta confianza completa elimina el veneno del amor: los celos. No digo que sea un vicio o un pecado, es una emoción particularmente infantil en la que el mental inventa aquello de lo que no tiene ninguna prueba. Nada es más destructor del amor que estos celos.

Strong impulse to make the other happy.
Un fuerte impulso de hacer feliz al otro.

Este criterio exige una manera adulta de acercarse a la pareja. El deseo de ser feliz gracias a otro es natural, normal, legítimo en un hombre o una mujer que no ha alcanzado todavía el fin del camino y que se siente todavía incompleto. Pero hay una manera completamente egoísta de querer hacer feliz al otro, en la que no se toma en cuenta al otro verdaderamente. Es el otro –tal y como lo veo yo en mis proyecciones, mis demandas– a quien trato de hacer feliz ofreciéndole lo que yo tengo deseo de ofrecerle, haciendo por él lo que tengo ganas de hacer, y sin tener en cuenta sus verdaderas necesidades. No se puede sentir aquello que el otro necesita verdaderamente, a menos que la inteligencia del corazón haya despertado.

Esta felicidad es también una realidad simple, cotidiana, hecha de una acumulación de pequeños detalles y no solamente de escuchar decir "te amo". Un ser tiene necesidad de respirar cada minuto, y tiene necesidad de respirar el amor todos los días. Este deseo de hacer feliz al otro no se fabrica artificialmente; o está allí o no está.

"Un fuerte impulso de hacer feliz al otro" es un sentimiento permanente: "Yo existo para él, ¿qué puedo hacer por él?". Esta inteligencia del corazón despertaría muy naturalmente si las emociones no vinieran a corromper la posibilidad del sentimiento auténtico.

Estos criterios son simples. Pero si están reunidos, todos los otros se desprenden de ellos, incluido el entendimiento sexual.

– *Una vida feliz, un amor feliz*, capítulo "El matrimonio".

La madre y el padre

Swamiji decía que la meta de la educación era hacer de un niño un ser *self established and self possessed*, establecido en sí mismo y dueño de sí mismo.

⊙⊙⊙⊙⊙

There is no good mother, no bad mother; either she is a mother or she is not a mother.
No hay una buena madre o una mala madre; se es una madre o no se es una madre.

Un día le dije a Swamiji hablando de mi esposa Denise: "Denise es una madre muy buena". Swamiji me fulminó con la mirada: "¿Qué acaba de decir?. ¡Una no-verdad! No hay una madre buena o mala; o es una madre o no lo es".

— *Más allá del yo*, capítulo "Egoísmo e infantilismo".

⊙⊙⊙⊙⊙

To be a mother is not to deliver.
Ser una madre no consiste en dar a luz.

Ser una madre no se detiene en el momento de dar a luz. Ser una madre es moldear un futuro adulto.

— *El camino del corazón*, capítulo "El corazón en paz".

Este es un punto en el que coinciden el conocimiento tradicional y el psicoanálisis moderno: la importancia fundamental de la relación con la madre durante los primeros días, meses, años de una existencia humana. Cada vez que un ser humano adulto desciende un poco en su inconsciente, siempre emerge el recuerdo de la madre de antaño.

Ciertamente el padre, quien amplía la relación previamente exclusiva del pequeño con su madre, es también una figura esencial en todos los inconscientes. Pero, profundamente, en lo que se refiere al punto de partida y al cimiento de un destino humano, la madre es quien juega el papel más importante. La capacidad de un adulto, hombre o mujer, para ser feliz proviene de su primera experiencia con el mundo, la madre. Si la madre ha sido verdaderamente una madre, el adulto, veinte o cincuenta años más tarde, estará unificado interiormente, en armonía con la naturaleza de las cosas, encontrando fácilmente su lugar de hombre o de mujer en el mundo, en paz consigo mismo, en paz con los otros, en una palabra: feliz. Si su madre no fue verdaderamente una madre, el hombre o la mujer adulto estará dividido interiormente, separado del mundo real, prisionero de sus miedos y de sus deseos inconscientes, incapaz de relaciones armoniosas y fáciles, yendo de decepción en decepción, en una palabra: infeliz, aun si exteriormente tiene "todo para ser feliz".

Ser una madre representa infinitamente más de lo que el mundo moderno deja pensar. Las sociedades tradicionales dan a la maternidad su justo lugar. La mujer encuentra su realización en la medida en que su función es considerada importante: hacer un ser humano no solo físicamente, sino emocional y psicológicamente. Toda mujer consciente de que ella misma es un ser humano con sus alegrías y sus penas, está consciente de que el ser que ella amamanta, cuida, acaricia, es un ser humano como ella, y se encuentra dispuesta a dar todo de sí para que este bebé sea más adelante un verdadero hombre o una verdadera mujer, libre, floreciente, armonioso, feliz, capaz de dar armonía y felicidad a su alrededor.

La situación normal y conforme a la ley natural está completamente invertida en el mundo moderno. Toda la organización material de la existencia, todas las influencias y sugerencias que pesan sobre las mujeres contribuyen a hacer casi imposible que las mujeres sean madres. Lástima por los bebés. Lástima si su vida está destruida desde el inicio. Lástima si una generación más tarde, la sociedad está hecha de adultos falsos, neuróticos, sometidos a sus emociones, dudosos de sí-mismos, nunca satisfechos, nunca en paz.

"Soy una madre" ha dejado el lugar a "tengo hijos". Tengo hijos para mí, para mi florecimiento y todas las razones que una mujer puede dar. En realidad, "quiero un hijo" por toda clase de razones absolutamente inconscientes. El niño se convierte en una compensación, un receptáculo de todas las proyecciones, todo excepto él mismo. En la tiránica perspectiva del tener, ser madre aparece como un servilismo despiadado.

La emancipación de la mujer, tan importante hoy en día para tantas mujeres, pretende permitir a la mujer asumir su destino. Pretende permitir a la mujer ser finalmente ella misma "después de tantos siglos de sumisión y marginación". En realidad, es una de las formas sutiles que toma la destrucción generalizada característica del final de la era *kali yuga*.[19] Bajo la máscara engañosa del derecho a ser, esta emancipación es un rechazo del ser, un triunfo del tener.

En la medida en que una madre no es más una madre, sus hijos están condenados a padecerlo en su ser.

Para poder hacer frente a todas las exigencias de esta misión, una madre debe encontrar las condiciones favorables. Las encuentra en las sociedades tradicionales. Ya no las encuentra en el mundo moderno.

– *Monde moderne et sagesse ancienne*, capítulo "El fin de las madres".

La ley natural exige que la mujer lleve dentro de ella al futuro bebé durante nueve meses y que después ejerza un papel decisivo en el desarrollo del futuro adulto, hombre o mujer. El dificultar a las madres la realización de su rol equivale a destruir una sociedad quitando a los niños las condiciones indispensables para su florecimiento. Nuestra sociedad está actualmente amenazada por diversos riesgos, por todos los riesgos denunciados por los ecologistas. Pero también está amenazada por la desintegración desde el interior, de implosión, retomando el título de la notable obra de Pierre Thuillier. Corre el riesgo de estar minada por el desaliento, el pesimismo, la falta de sentido de la existencia, la ausencia de perspectiva hacia el futuro, la desestructuración psicológica.

Ahora bien, una idea domina las concepciones psicológicas modernas, según la cual la partida se determina en los primeros meses y primeros años de la vida. Y, al mismo

---

19. *Kali yuga*: época oscura por la que atraviesa actualmente la humanidad, descrita por la tradición hindú (principalmente en los Puranas) como la destrucción del *dharma*, del orden justo, bajo todas sus formas; hacen particularmente estragos, entre otros, el individualismo a ultranza, los abusos de todo tipo, conflictos y guerras.

tiempo, esta sociedad pone oficialmente en duda a la familia considerada como una estructura opresiva. Es totalmente ilógico. Hablar de la dignidad y de la nobleza del rol de madre, hoy en día es figurar como un enemigo del sexo femenino, ser un machista, un falócrata. He ahí una total incoherencia. Mientras tanto, la sociedad se destruye bajo nuestros ojos, pues la falta de estructuración y de paz interior se explica directamente por la destrucción de la familia y las carencias afectivas de la pequeña infancia.

– Miradas sabias sobre un mundo loco, capítulo "Familia y educación".

◉◉◉◉◉

Not "he is my son" but "I am his father".
No: "él es mi hijo", sino: "yo soy su padre".

Esta frase de Swamiji implica un cambio radical de la situación: en lugar de vivir la situación con el niño del que estamos a cargo desde la perspectiva: "es mi hijo o es mi hija", la vivimos desde la perspectiva: "soy su padre, soy su madre; él no está para mí, yo estoy para él".

Ser un padre, ser una madre, es el *dharma*. Usted no puede enseñarle a un niño a ser feliz –o, más exactamente, hacer de él un ser feliz y poco a poco, a través de los años, un adulto feliz– si este modo de relación: "es mi hijo", no ha sido totalmente remplazado por: "soy su padre". Se requerirá una gran vigilancia para que esta costumbre no recobre fuerza. Todos los otros aspectos de la educación deben estar sometidos a este. Y se olvida totalmente. Decidimos dar al niño una cierta educación que consideramos justa, tratamos de enseñar al niño a que no les pese demasiado a sus padres y que les facilite la vida, comportándose como consideramos que debe comportarse. O bien, si tenemos un poco más de ambición, queremos el éxito para él, tal como nosotros lo concebimos. No hablo aquí ni siquiera de la educación de padres manifiestamente neuróticos, digo que los padres que consideramos hoy como los más normales tienen una cierta idea, arraigada en su inconsciente y en sus condicionamientos socioculturales: he aquí cómo debería ser mi hijo o mi hija.

Ustedes, padres, tendrán siempre que recordar: "mi hijo, mi hija, es otro diferente a mí". Pero sus hijos y sus hijas, cualquiera que sea su edad, deben sentir: "Papá no es otro diferente a mí, Mamá no es otra diferente a mí". Estén seguros que no existe educación justa más que sobre esta base: ser uno con el niño. Estoy para él.

– *Un grain de sagesse*, capítulo "Sobre la educación".

◎◎◎◎◎

You kill the child!
¡Usted mata al niño!

A veces, la formación de la prisión del mental –mentira, pantalla permanente entre nosotros y el resto del mundo, fuente de todos nuestros sufrimientos– se hace poco a poco, gracias a la atención benevolente de los padres y educadores. solo daré un ejemplo, pero muy significativo. Corriendo sin poner atención, un niño se pega contra la mesa (que no ha hecho nada) y se lastima. La madre –o quien está ahí– le dice al niño: "Mesa mala, mesa malvada, le vamos a pegar a la mesa que te lastimó".

Asesino. Sí, asesino y desgracia a aquellos que matan no los cuerpos sino las almas. La mesa está ahí, inmóvil, neutra. El niño se ha golpeado con la mesa. Estos son los hechos. El niño podía ver y sentir una verdad a su medida. Lo envenenamos, lo matamos, al llevarlo a un mundo irreal, ilusorio, que recubre el mundo de por sí irreal e ilusorio de los fenómenos sensibles.

De golpe o poco a poco, el niño deja el mundo de lo que es, para vivir en su mundo de él, el mundo de lo que debería ser y de lo que no debería ser. Así, el niño rechaza o aprende a rechazar al mundo exterior. Ya no está unificado sino dividido entre el mundo y su mundo, prisionero de la dualidad.

– *Les chemins de la sagesse*, capítulo: "Vivir en el presente".

◎◎◎◎◎

Be strong but not hard, firm but not severe.
Sea fuerte pero no duro, firme pero no severo.

He podido constatar a través de los años cuantos padres carecen de firmeza: los niños imponen su ley a los padres, que se dejan dirigir y que no cesan de capitular, sin ser verdaderamente conscientes.

Swamiji decía: la existencia dirá a veces sí, a veces no. Así es y les corresponde a los padres enseñárselo a los hijos. Nunca contrariarlos no es amarlos. Swamiji nos citaba también una frase impactante de la tradición hindú: hasta los cuatro años, el niño es un rey, hasta los dieciocho, un esclavo y, en adelante, un amigo. El niño pequeño necesita ser colmado, después educado. Hay que enseñarle a tomar su lugar en un grupo, una familia, una sociedad y a sobrepasar su individualismo para relacionarse. Conocen la distinción que hacía Swamiji entre un individuo y una persona. Un individuo, es *yo*, esto me gusta, esto no me gusta. Una persona pasa del *yo* a *yo y el otro*, a la relación –la relación con la familia y después con la familia extendida–. La firmeza es necesaria para enseñar al niño a ajustarse al dharma: "no solo estoy yo". Por supuesto, al ejercer esta firmeza traten, en lo posible, de estar bien situados interiormente: calmados, unificados y respetuosos hacia el niño.

Es muy importante que los niños crezcan con la idea del dharma: tenemos en cuenta a los otros, no solo hacemos lo que queremos, no siempre obtenemos todo lo que queremos. Si no, esto los convierte en adultos con una desventaja muy difícil de superar, adultos incapaces de demandarse el menor esfuerzo, incapaces de tomar la mínima distancia respecto a los dictados de sus emociones y de su ego, condenados a sufrir y a acusar al mundo de no girar alrededor de ellos.

Ahora, hay una constatación que no he parado de hacer: en el mundo actual, esta educación, este pasaje del individuo a la persona, ya no existe. Quizás existe esta idea de que no hay que traumatizar u oprimir a los niños, que no se necesita una educación represiva. Pero es un error. Cuando el dharma se derrumba, no están libres, están perdidos y tiranizados por su ego. Cierto, una educación demasiado asfixiante, sobre todo ideológicamente, no es justa. Ahorren a sus hijos su mundo de juicios e indignación: no impongan su mundo a sus hijos, no traten de hacer de ellos sus réplicas. A veces cito a Françoise Dolto como ejemplo. Esta mujer, refinada como pocas, ayudó a su hijo a ser el cantante cómico Carlos. Ella no decidió que se convertiría en médico, sino que le ayudó a desarrollarse en su propia línea.

La firmeza no está relacionada con la represión: forma parte de la realidad de lo que es.

Un abismo separa la educación que los niños recibían antaño de la que reciben hoy en día. Asistimos a una degradación progresiva hacia más y más egocentrismo y de menos a menos comprensión del dharma. Es: "No más límites, hago lo que quiero. Primero yo." Ciertamente estamos insertos en el mundo, nos rodea y nos influencia, pero también estamos comprometidos con una vía consciente para tratar de salvaguardar lo que se puede. Y, en cierta forma, vamos a contracorriente del movimiento actual de degradación.

La educación no solo es permitir o no permitir. Es una visión de conjunto. Se trata de guiar a un niño, de ayudarlo a estructurarse. ¿Puedo yo, que estoy comprometido en esta vía, enderezar la situación en lo que concierne a mis hijos? ¿Qué puedo intentar? ¿Hasta dónde puedo llegar? En el mundo actual, a veces se necesita ceder, ser realista. Pero no corresponde que los niños les impongan su ley.

-*Lettre d'Hauteville*,[20] número fuera de serie: Sobre la educación.

⊚⊚⊚⊚⊚

Farewell, my son, farewell.
Adiós, hijo mío, adiós.

Recuerdo una carta que Swamiji escribió a un marido y una mujer que acababan de perder a su bebé. Era a la vez una carta impactante y admirable. En ningún lugar utilizaba la palabra "muerte" o "morir", sino siempre "partir". Escribía en sustancia –lo cito de memoria–: Si este niño los dejó, y este niño les era tan querido, no pueden imaginar hacerle

---

20. *Lettre d'Hauteville* es el boletín de información de los miembros de la Asociación Hauteville, para uso interno; Arnaud Desjardins se dirigía a padres, en una reunión común durante una estancia.

algo cruel o que sea doloroso para él. Pues, si ustedes lamentan su partida, están ejerciendo sobre él una atracción opuesta al movimiento natural de su destino que es de pasar a otra forma de existencia. Su karma termina aquí. La necesidad de esta encarnación era venir a la tierra solamente algunas semanas antes de continuar bajo otra forma u otra encarnación. Gimiendo interiormente, sufriendo, desgarrados por el rechazo de lo que es y por la emoción dolorosa, atraen a este niño, lo llaman, su corazón grita: "Pero ¿por qué nos dejaste, por qué te vas lejos? Quédate con nosotros. No es posible, no puede ser verdad, haz que no sea verdad".

Pienso con infinito amor en el grito del corazón de la madre quien, delante del cadáver helado, grita: "¡Dígame que no es verdad, doctor, que va a vivir!" cuando ella sabe bien que no va a vivir, pero que es demasiado duro de aceptar. Y es porque estamos demasiado acostumbrados a darle la espalda a la verdad y a rehusar que lo que es sea, que tenemos frente a la muerte de los que nos rodean una actitud que es pura y simplemente mentirosa y, por tanto, escandalosa para quien se dice "buscador de la verdad". ¿Pueden, decía más o menos Swamiji en esta carta, poner a este niño en dificultades, pueden dividirlo entre el movimiento de su destino, que es de alejarse, y el grito de su corazón, que es rechazar ese movimiento, llamarlo y jalarlo hacia atrás? No, definitivamente no, lo aman demasiado para eso. *So you may gladly* —y la palabra *gladly* significa con gusto, por no decir alegremente— así que pueden ustedes decirle desde el fondo de su corazón: "Ve, hijo mío, ve donde te llama tu destino, adiós, hijo mío, adiós".

— *Pour une mort sans peur*, capítulo "Saber morir".

Quinta parte
La exigencia del Camino

Las grandes leyes de la existencia

La ley del cambio

Life is a festival of newness.
La vida es un festival de novedades.

Uno de los aspectos del mental, si quieren comprender de qué se deben liberar, consiste en ese intento más o menos permanente de paralizar el curso de las cosas, para negar cualquier forma posible de cambio. Miren en ustedes mismos todo aquello a lo que están apegados para tratar de mantener una estabilidad ilusoria. Las realidades duran cierto tiempo: una casa se construye, tarde o temprano caerá en ruinas o será demolida, pero perdura cierto tiempo, a pesar de todo. solo se trata de una apariencia de inmovilidad con la que no podemos contar. En el mundo de las formas no hay más que cambio, y el mental está constituido de costumbres que les brindan una seguridad ilusoria.

¿Por qué no ir con el movimiento? ¿Por qué rechazarlo? Un día habrá que soltar, ir con la corriente. Es un baile. Bailen. Pero un baile representa una evolución, no está fijo como una pintura. ¿Van a ir un día con el movimiento del universo tal como se manifiesta en sus vidas, lo que Swamiji calificaba de *festival of newness*, un festival de novedades?

Acepten las etapas, las transformaciones. Entre la oruga y la mariposa hay un paso al que llamamos la crisálida.

Acepten, jueguen el juego, dejen de aferrarse a sus puntos de referencia y a sus costumbres.

– El camino del corazón, capítulo "La vida consiste en morir".

⊚⊚⊚⊚⊚

La ley de la diferencia

If there are two, two are different.
Si hay dos, los dos son diferentes.

Es la gran afirmación de la sabiduría tradicional y es una afirmación que todo científico puede aseverar por sí solo. Primeramente, dos son diferentes en el tiempo; nunca dos instantes son idénticos. El instante, la totalidad de un instante, todo lo que comprende un instante, la apariencia física, el estado interior de cada uno de los que están reunidos en esta habitación en un momento dado, cada instante es único; el instante siguiente ya es diferente; algo habrá cambiado en este conjunto y de hecho, en verdad, todo habrá cambiado. Segundo, *en el espacio*, si no tomamos en cuenta el elemento tiempo: si hay dos, los dos son diferentes. Es una regla absoluta y que nunca tiene excepción. Sabemos que si hay dos huellas digitales, estas son diferentes y pueden estar seguros que, en el tiempo desde que existe la humanidad, nunca se han producido dos huellas digitales idénticas.

Este mundo de las formas obedece a dos leyes: en el tiempo, la ley del cambio –cada instante es diferente del instante precedente– y, en el espacio, la ley de la diferencia –si hay dos, los dos son diferentes, irreductibles el uno en el otro, únicos, sin comparación posible–.

– En busca del Sí-mismo, capítulo "El *Atman*".

La ley de la attracción y de la repulsión

Physical means attraction and repulsion.
Lo físico significa atracción y repulsión.

Un día que utilizaba la palabra "metafísica", Swamiji me preguntó: ¿Cuál es el significado?". Yo le respondí: "más allá de lo físico". "¿Qué es lo físico?" me pregunta de nuevo Swamiji. Y él mismo me da la respuesta: "Físico significa atracción y repulsión". El dominio físico, en el que Swamiji incluía toda "manifestación", incluyendo el plano sutil, que también es un plano material, está sometido a la primera gran ley primordial de la que se desprenden todas las demás leyes, la atracción y la repulsión; si hay dos, si hay dualidad, los dos están en una relación de atracción o de repulsión. Metafísico significa simplemente más allá de la atracción y la repulsión, es decir, verdaderamente en el centro.*

◎◎◎◎◎

Fear is negative attraction.
El miedo es una atracción negativa.

Solo tenemos miedo de aquello que nos atrae, pero, por una razón u otra, nosotros negamos esa atracción, no queremos reconocerla.

Por otra parte, si estamos atraídos por un evento, una situación, es que este nos corresponde, que lo llevamos en nosotros, en particular como una huella grabada en nosotros. Es lo que hace la diferencia entre los miedos de unos y otros.

Si quieren comprender sus miedos, no lo lograrán a

menos que descubran esa atracción en ustedes. Si un fenómeno les es totalmente indiferente, no les concierne, no tiene nada que ver con ustedes, no pueden tenerle miedo. solo tienen miedo de lo que les concierne, de aquello por lo que están atraídos, por razones que tendrán de alguna manera que descubrir. En todo miedo hay una trágica contradicción entre una parte de nosotros que dice sí y otra que dice no. Si el miedo es una emoción tan insoportable, aterradora, es porque aquello a lo que decimos no, se encuentra en nosotros. La atracción de la que hablamos aquí, debe ser entendida de una manera mucho más profunda que la atracción superficial banal, como ser atraído por las mujeres hermosas o los coches deportivos. La atracción es una ley activa, como el hierro es atraído por el imán. Podemos estar totalmente de acuerdo o, al contrario, resistirnos a una atracción, pero no por eso estará menos activa. Atracción puede significar que deseamos una cosa, que la queremos, pero también puede significar que somos atraídos a pesar de nosotros, como por un imán. Por ejemplo, si me resbalo en la montaña y me caigo en el declive, la fuerza de gravedad me atrae hacia el fondo de este, esta atracción se impone y, aun así, yo me resisto. Si hay atracciones físicas como el ejemplo que acabo de dar, existen también atracciones psíquicas o sutiles que son más o menos rechazadas en el inconsciente, pero que no por eso dejan de existir.

— *Pour une mort sans peur*, capítulo "Vencer el miedo".

◎◎◎◎◎

Everything which comes to you comes to you because you attracted it.
Todo lo que le sucede, le sucede porque usted lo atrajo.

Todo lo que sucede, a todos los niveles, está regido por las dinámicas de la atracción y de la repulsión. Afirmar que atraemos las situaciones no implica, de ninguna manera, que nosotros hayamos querido atraerlas y, sin embargo, eso nos sucede a nosotros, eso y no lo otro, y a nosotros y no al otro.

Una muestra concreta me puso en el camino de la comprensión de esta afirmación. Un ashram en la India es un lugar cuyas puertas nunca se cierran. Estaba reflexionando en mi pequeño cuarto cuando un día un joven indio de los alrededores llamó a la puerta, habiendo sabido que un francés hacía una estancia con Swamiji. Este joven había estudiado un poco de francés en el colegio y estaba muy contento de poder conversar, en un lugar tan retirado, con un extranjero que hablara francés. Yo quería poner en orden las notas que había tomado al salir de mi reunión con Swamiji, preparar mi entrevista del día siguiente, pero me obligué a acogerlo muy cortésmente y pasé una hora con él. solo que volvió al día siguiente y al siguiente también. Entonces le pedí consejo a Swamiji y Swamiji comenzó por decirme: "Él vino porque usted lo atrajo". Y ante mi asombro, continuó: "Usted lo atrajo simplemente por ser francés. Si él hubiera sabido que un alemán estaba en el ashram, no hubiera venido a verle".

Fue el punto de partida de una convicción que solo puede profundizarse a través de una observación cada vez más fina en el curso de la existencia. Es muy evidente que esta ley de atracción juega también a niveles mucho más sutiles. Pero siempre lo que somos atrae lo que nos sucede.*

Everything which comes to you comes as a challenge and as an opportunity. Todo lo que se le presenta a usted, se le presenta como un desafío y una oportunidad.

¿Hacer desaparecer las desgracias? No tienen ustedes ningún poder para hacerlo. Pero acoger el sufrimiento de una manera revolucionariamente nueva, ese poder sí que lo tienen. Y ese poder les mostrará que si en lugar de rechazar, negar y huir del sufrimiento, este es aceptado, cesa de ser doloroso.

— *Pour une mort sans peur*, capítulo "El único tema".

Minuto tras minuto, se presentan las condiciones que tanto he pedido que se me diesen para poder progresar. Y no me doy cuenta de ello. Continúo pensando mi existencia en lugar de *vivirla*, a estar siempre en el pasado o en el futuro, y a perderme la oportunidad del instante presente.

Este cansancio me va a permitir progresar, este malestar, esta ansiedad, esta mala noticia me van a permitir progresar. Este contratiempo, esta inquietud, todo lo que sucede, si lo acojo, me va a permitir progresar.

Entonces verdaderamente, sí, cambia la cara del mundo. Ya no hay más pruebas, solo hay bendiciones. "Todo contribuye al bien de los que aman a Dios", todo contribuye al bien de aquellos que están comprometidos en el camino de la liberación. Todo sin excepción alguna.

— *En busca del Sí-mismo*, capítulo "El gurú".

⊚⊚⊚⊚⊚

Behind any manifestation look for the unmanifested cause; manifestation is unreal, unmanifested is real.
Detrás de toda manifestación busque la causa no manifestada; la manifestación es irreal, lo no manifestado es real.

Relativamente, siempre hay algo más real respecto a lo que experimentamos. Hay un no-manifestado que es él mismo la manifestación de otro no-manifestado más sutil y más interior. Y ese no-manifestado más interior es en sí mismo lo manifestado de un no-manifestado aun más sutil, hasta llegar al No-Manifestado último, más allá del cual no se puede ir.

Si descubre en usted niveles de realidad más profundos, una serie de no-manifestados sucesivos, si se sitúa en un plano suprapersonal, poco a poco los acontecimientos del mundo no podrán más hacerlo sufrir. Sentirá que solo afectan al nivel irreal en usted, pero que no pueden perturbarlo en el nivel real. Cristo dijo: "Tendrán aflicción en el mundo, pero sean valientes, yo vencí al mundo".

Ya no está centrado en calidad de cierto hombre o de cierta mujer con su físico, su educación, su historia personal y todo lo que estudia la psicología. Poco a poco, se convierte en el Hombre, alcanza usted entonces el centro del ser humano. Ya no es "yo" lo que descubro en mí, sino a la vida universal. Al mismo tiempo, ese famoso ego disminuye y desaparece poco a poco. Usted ya no es egocéntrico sino que está en el eje mismo de toda esta manifestación o creación.

— *Pour une mort sans peur*, capítulo "La danza de Shiva".

Las etapas del camino

Digest, assimilate, make it your own.
Digiéralo, asimílelo, transfórmelo en su propia substancia.

Step by step.
Paso a paso.

El camino se hace en etapas sucesivas. Esas etapas se preparan, uno atraviesa un período de crisis (en el sentido etimológico, es decir, "cambio radical que va a producir una situación nueva"), digiere, asimila; se prepara uno de nuevo, atraviesa de nuevo una crisis que digiere y asimila. Y, de esta manera, trozo a trozo, la prisión se desmantela, los velos se disipan, los lazos se sueltan, las cegueras dejan lugar a nuevas visiones, hasta llegar a la visión total, incluyendo todo lo que es necesario incluir.

En este período de crisis, no hay que buscar en absoluto protegerse.

– *Le vedanta et l'inconscient*, capítulo "Tolerancia y sincretismo".

◉◉◉◉◉

You cannot jump from abnormal to supranormal.
No puede usted saltar de lo anormal a lo supranormal.

First normal, then supranormal.
Primero normal, y luego supranormal.

Antes de poder alcanzar un nivel de consciencia que trascienda nuestra percepción habitual y que pueda ser considerado como supranormal, es indispensable, inevitable, alcanzar primero plenamente la perfección de lo normal. Un vaso no puede desbordarse si antes no se ha llenado. No podemos tener respuestas reales a las preguntas fundamentales sobre la vida, la muerte y la supervivencia, sin que primero nuestro ser actual se haya transformado.

¿En qué consiste pues esta transformación? ¿Por dónde y cómo puede esta empezar para usted hoy, ahora mismo, de inmediato? Para empezar, situándose sin mentiras en su punto de partida, adquiriendo un conocimiento verídico de lo que usted es; todo lo que usted es.

– *Les chemins de la sagesse*, capítulo: "Convertirnos en lo que somos".

A nosotros, los occidentales, nos cuesta trabajo comprender que necesitamos una preparación metódica antes de abordar la enseñanza suprema que nos conduce más allá de todas las realidades relativas. Son muchos los que han meditado miles de horas, año tras año, con la esperanza de realizar el Sí mismo, pero que permanecen todavía insertos en toda clase de conflictos y manifiestan aun grandes debilidades, que se notan por su falta de adaptación a la existencia, sus miedos, sus reacciones, su poco dominio sobre ellos mismos.

En 1963 conocí a un yogui, un verdadero asceta, que vivía retirado lejos de las ciudades y que tenía, a lo mucho, algunos discípulos comprometidos con él. Después de un momento de entrevista, este yogui me dijo: "*What you need is to build an inner structure*", "lo que usted necesita, es construir una estructura interna". Todavía me acuerdo de la cara que hice. Me sentí como un bachiller que, esperando entrar a la facultad, escuchara que le dijeran: "Lo que usted necesita es aprender a leer y escribir".

Antes de encontrar a Dios, hace falta primero, de cierta manera, encontrarse a sí mismos. Si son demasiado vulnerables, demasiado débiles, oscilando de la esperanza al desánimo, fácilmente emocionados, arrebatados de ustedes mismos, no pueden acceder directamente a la realidad superior. Swami Prajñanpad decía: "Usted no puede brincar de lo anormal a lo supranormal". Lo que Swamiji llamaba "anormal", no implicaba una psicosis grave. Es lo que nosotros llamaríamos quizás una ligera neurosis. Anormal corresponde a una manera de funcionar del mental a la que desafortunadamente ustedes, hombres y mujeres modernos, están casi todos sometidos.

– *Approches de la méditation*, capítulo "El hara y el corazón".

⊚⊚⊚⊚⊚

You can accelerate the process, but you cannot jump.
Usted puede acelerar el proceso, pero no puede saltar.

Inspirado por consideraciones sobre la iluminación súbita, el mental puede soñar en ser transportado de un solo golpe a un plano completamente diferente. Pero no es más que otra ilusión. En el lenguaje cinematográfico, no nos molesta ver a un hombre que sale de su automóvil y, una fracción de segundo después, verlo desnudo bajo la ducha. Pero en la realidad, no hay nada que nos libre de recorrer cada centímetro del trayecto total que va del auto a la ducha. En cambio, es posible subir la escalera rápidamente, o bien muy rápidamente, o inclusive tomar el ascensor que es aun más rápido.

No podemos saltarnos ninguna etapa, pero sí podemos recorrer las etapas más o menos hábilmente.

Aun si la conocida frase: "*Nothing to do, nowhere to go*", "nada que hacer, ni lugar a dónde ir", tiene un sentido en el nivel último, por el momento no se deje perturbar por ella y no olvide que los términos "la vía" o "el camino", que indican muy bien una progresión, se encuentran en todas las tradiciones.*

No se puede "hacer" más que lo que "se es". Pero el hombre puede activar, acelerar –acelerar inmensamente– el proceso natural de la limitación hacia la expansión, del tener hacia el ser. El hombre puede participar activamente en el movimiento de la Naturaleza.

Igual que se puede recoger un fruto maduro, sin causarle daño, antes de que se caiga al piso por sí mismo, se le puede dar el jalón final a un desprendimiento.

– *Monde moderne et sagesse ancienne*, capítulo "El camino del ser".

ⓞⓞⓞⓞⓞ

Revolution is the culmination of evolution.
La revolución es la culminación de la evolución.

Esta fórmula no es original de Swami Prajñanpad, pero resumía un punto importante del avance en la progresión del camino: el cambio irreversible se prepara durante un tiempo más o menos largo. Como antiguo profesor de ciencias, Swamiji utilizó conmigo la imagen de la cristalización: si aumentamos la cantidad de sal disuelta en una solución, aparentemente no pasa nada hasta que se alcance el grado de saturación; lo mismo pasa en nuestra práctica: cuando se alcanza el grado de saturación, cualquier pequeño acontecimiento, un catalizador, puede hacer que se produzca la metamorfosis.*

El precio por pagar

It is not a joke.
No es una broma.

* * *

You will have to pay the full price.
Tendrá usted que pagar el precio completo.

Debe usted situarse a la intersección entre dos lenguajes: el que dice a cada persona que estas promesas se pueden realizar para el —no sea cobarde, no sea timorato— y el lenguaje que dice: estas promesas no son baratas. Pero los occidentales no quieren escuchar este lenguaje y quieren a toda costa considerar que la Iluminación es para todos y a buen precio, mientras que, por otro lado, saben perfectamente bien que todo tiene un precio. No se necesita más que abrir los ojos a nuestro alrededor para saber que todo se paga y que, en muchas circunstancias, los occidentales tienen cómo pagar. Pero en lo que respecta a la espiritualidad, queremos que todo nos sea dado y que el camino consista solamente en estar cada día mejor, desde la nulidad, la mediocridad y el sufrimiento, hasta la sabiduría suprema.

Hace falta una crisis decisiva para que todo cambie completa y radicalmente, en lugar de modificaciones en el interior del mundo mental. La enseñanza de Swamiji no permite soñar por mucho tiempo. Rápidamente las máscaras caen, los sueños se rompen en pedazos, y uno se hunde en su propia realidad. Esta realidad se puede expresar en términos de dragones y arquetipos, o en términos de miedos y deseos imposibles de asumir. Su propia realidad es una jungla. Se trata de esta selva llena de espinos y bestias salvajes que debe atravesar el Príncipe Encantado antes de llegar al castillo de la Bella Durmiente (uno de los cuentos de hadas más directamente simbólicos respecto a la búsqueda interior). Los guardianes del umbral están dentro de uno, los monstruos están dentro de uno, los abismos están dentro de uno mismo.

¿Van a tratar ustedes de vivir en la superficie al mismo tiempo que sueñan acerca de la muerte y la resurrección? ¿O van a dejar la superficie lo más rápido posible, sumergirse en la profundidad y pasar por esta crisis en cuyo transcurso las estructuras mentales dualistas ordinarias se tambalean y vacilan por todos lados?

Nunca ningún maestro ha prometido que el camino fuera un lecho de rosas. Todos han dicho que hay pruebas que sortear, momentos de muerte a sí mismo en los que ya no se reconoce uno. Pero en lo concerniente al camino, muy pocos buscadores espirituales están preparados para aceptar que van al encuentro de un gran número de pruebas y de crisis, en el sentido etimológico de la palabra, es decir, un cambio interior radical que hace que las cosas ya no volverán a ser nunca más como antes.

Las alas no crecen sobre el lomo de las orugas. Si ustedes desean la transformación, deben pasar por esta etapa que corresponde en el mundo animal a la crisálida. Resulta una esperanza vana e ilusoria del ego, el pensar que va uno a ganar sin perder nada. Nunca se ha obligado a nadie a comprometerse en el camino. Pero aquel que quiere "morir para renacer" debe entender bien que antes de renacer es necesario morir. Quien quiera transformarse debe entender bien que su forma actual, la manera como se siente ser, en la que se concibe y concibe el mundo a su alrededor, deberá desaparecer antes de que otra realidad se revele.

Hablo para aquellos que sienten que progresan en ciertas áreas pero que también comprenden que, si desean continuar más lejos, deben comprometerse seriamente con la novedad y no continuar dando vueltas en círculo con los mismos hábitos emocionales y mentales, ni sobre el mismo terreno conocido. El viaje hacia el centro de uno mismo es un viaje de exploración. Es necesario que uno abandone su casita ordinaria, la de los pensamientos, emociones, sensaciones habituales, la de la consciencia del ego (yo, tal y como yo me conozco, y tal y como me repito indefinidamente), para ir hacia lo desconocido y hacia lo nuevo; hacia países interiores jamás antes visitados.

— *Más allá del yo*, capítulo "El precio de la libertad".

Tendrán ustedes que sufrir muchas tribulaciones durante este proceso de descubrimiento de los dinamismos profundos, de los odios y rebeliones latentes, de los sueños y entusiasmos que habitan en ustedes. Todo debe ser llevado a la superficie y disipado. Se impone una "limpieza", que será necesario llevar hasta el final. Recuerden: "Tendrán ustedes que pagar el precio completo". La purificación del psiquismo[21] se practica en todos los ashrams, aunque no se recueste uno para revivir los recuerdos de infancia como

---

21. *Chittashuddi* en sánscrito.

en el método de los "*lyings*".[22] Esta limpieza se lleva a cabo bajo la forma de emociones muy fuertes, de momentos duros y difíciles, los cuales sin embargo son atravesados con otra actitud y con una comprensión totalmente diferente de aquella con la que vivimos la vida ordinaria. En la vida ordinaria también uno es infeliz, sacudido, indignado, detesta a aquel o aquella que pensaba amar, siente miedo, se ahoga en angustias, tiene la impresión que no queda otra salida que el suicidio... y luego, de nuevo está uno lleno de entusiasmo. Todo el mundo vive, un día u otro, emociones fuertes, momentos agobiantes o dolorosos. Lo mismo sucede en el camino, solo que el discípulo vive estos momentos con una consciencia, una presencia a sí mismo, una comprensión de los procesos que están trabajando dentro de él, completamente diferentes de los que les pasa a aquellos que están llevados por el juego de la acción y la reacción. Discípulo o no, usted debe vivir su *karma*. Este inventario de emociones latentes, cualquiera que sea su origen, está en usted; y el maestro, no importa cuál sea el amor que siente hacia usted, no puede evitarle los momentos de crisis. La compasión del gurú, puesto que él no puede con un movimiento de su varita mágica conducirle hasta la otra orilla, va a consistir en permitirle (y si fuera necesario, en empujarlo, en función de las posibilidades de usted) vivir estos momentos difíciles lo más intensamente posible, para alcanzar la otra orilla lo más rápidamente posible.

Lo que nosotros llevamos en nuestra psique se actualiza en el transcurso de nuestra existencia, por lo que todos

---

22. *Lying*: Técnica de inmersión en el inconsciente propia del camino de Swami Prajñanapad. Ver a este respecto el capítulo "La purificación del inconsciente" en "Le *vedanta* et l'inconscient" así como en la obra del Dr. Massin, de Éric Edelmann y de Olivier Humbert, "*Swami Prajñanpad et les lyings*".

tenemos que pasar por un cierto número de situaciones cuyas causas están en nosotros mismos.

– *L'ami spirituel*, capítulo "Si tu mental muere, tú vives".

⊚⊚⊚⊚⊚

The way is not for the coward but for the hero.
El camino no es para el cobarde, sino para el héroe.

En cuanto el camino se ponía difícil, yo tenía derecho a esta frase de Swamiji: "El camino no es para el cobarde, sino para el héroe". Y ahora, me toca escoger.

Algunos de entre ustedes se han comprometido con una exploración interior que los confronta con esos dragones, esos cancerberos, esas fuerzas descritas como aterrorizantes en los textos tradicionales. No solamente no hay nada por qué inquietarse sino que por el contrario, si se tiene un alma de "héroe", hay que regocijarse y decirse: "después de todo, yo lo quise, aquí lo tengo". Hay una parte de ustedes que tiene miedo y otra parte –el caballero– que está movida en lo profundo por esta necesidad: "no puedo no continuar en este camino". Entonces no sigan a medias. Sigan con valor; sigan como héroes, intérnense en esas tierras desconocidas de la consciencia en su interior; pierdan sus puntos de apoyo habituales; afronten con valentía los períodos en los que no se reconocen a ustedes mismos; los períodos en los que no se comprenden a ustedes mismos –y sigan adelante–. Si la consciencia real está allí como testigo, si está como vigilante, ustedes pueden seguir; no corren ningún riesgo.

¿Qué es lo que muere en esta crisis? ¿Qué es lo que se resquebraja por todos lados? El mental. Y es precisamente a la destrucción del mental a lo que ustedes aspiran. ¿Qué es lo que muere? El ego, su experiencia de ustedes-mismos y de la vida en la dualidad. Y ustedes aspiran a dejar atrás al ego, aspiran a llegar más allá de la dualidad y a descubrir el Uno o la no-dualidad. ¿Y qué es lo que no muere nunca? El *atman*, el testigo.

Adhiéranse a esta verdad: yo puedo perderlo todo, porque lo esencial no se puede perder; y es cuando haya perdido todo que seré libre –libre de todas las identificaciones, de todos los apegos, de todas las limitaciones–.

Llega un momento en que el camino parece hacerse cada vez más angosto; todavía es necesario perder, todavía es necesario perder, para ser cada vez más pobre, cada vez más desnudo, hasta pasar por un punto, el punto geométrico que no tiene ninguna dimensión. La única realidad que queda es la Consciencia, desprovista de todos sus revestimientos. Si llega usted hasta el fin, en el momento en el que lo ha dado todo, la Realidad se revela; el Despertar se produce, el ego ha perdido su magia y su poder se acabó: ¡usted es libre! Pero no podrá guardar nada. Si quiere ir, en esta vida, hasta el final –y la última realización es el final– será necesario soltarlo todo. TODO.

– *Más allá del yo*, capítulo "El precio de la libertad".

◎◎◎◎◎

Don't make it cheap.
No lo haga barato.

El último mensaje que oí de la boca de Swamiji, concerniente al futuro ashram del Bost, no fue dirigido a mí; fue dirigido a ustedes: "*Don't make it cheap!*", no lo haga barato, desde todos los puntos de vista. Swamiji sabía que eso era lo más importante, porque lo que tiene más peso en la balanza del sueño de Occidente –no en lo que concierne a los aparatos estereofónicos, por los que los occidentales estamos listos para pagar mucho dinero, sino en lo que concierne a los gurús y a la espiritualidad– es la incapacidad de evaluar el precio de aquello que es lo más precioso del mundo. Por eso, en el pasado, muchos maestros hacían muy difícil el acceder a ellos –mientras que muchos, en el mundo moderno, han aceptado difundir ampliamente su mensaje– y comenzaban por imponer pruebas muy severas a los candidatos con el fin de probar sus cualidades antes de aceptarlos como discípulos.

– *L'ami spirituel*, capítulo "¿Soy un discípulo?".

La relación al maestro

You have the right to test the guru.
Tiene usted el derecho de poner a prueba al gurú.

Lo que califica, entre otras cosas, al discípulo es su capacidad de discriminación en este tema, para evitar meterse con alguien que no es digno de confianza, o por el contrario de dejar ir a un maestro auténtico. Al discípulo le toca no dejarse llevar por cualquier impulso emocional (desde la sospecha sistemática hasta la ingenuidad total) y tratar de comprender como están las cosas realmente.

— *L'ami spirituel*, capítulo "El derecho a la duda".

⊚⊚⊚⊚⊚

If there is doubt —and doubt is but normal and natural— you have the privilege to ask and be convinced, not to interpret.
Si tiene una duda —y la duda es normal y natural— usted tiene el privilegio de preguntar y de convencerse, no de interpretar.

Partamos del punto de vista de que el maestro al que usted se dirige es un maestro auténtico. Mientras el maestro "me siga la corriente", mientras me reafirme, las dudas no aparecerán. Pero a partir de que su actitud hiera las convicciones erróneas de mi propio mental, es posible que yo reaccione y trate de sorprenderlo cuando él cometa un error. Nunca bloquee una duda que surja. Sería un error. Estaría usted entonces en la negación de una parte de usted, que no por ser rechazada va a estar menos activa en la profundidad de su psique, provocando un malestar inexplicable frente a quien se supone que es su guía. Las dudas son parte integral del camino y tienen, la mayoría de las veces, su origen en dinamismos inconscientes que se remontan a la infancia. Según lo que yo proyecte sobre el *gurú*, yo coloreo e interpreto subjetivamente el comportamiento del *gurú* en cuestión. Este juego de proyecciones, esta transferencia de una imagen antigua sobre el gurú forma parte del camino; pues no es sino hasta el momento en que una proyección se manifiesta en la superficie bajo la forma de emociones y pensamientos diversos que es posible tomar consciencia de ella y liberarse de la misma. Corresponde al maestro permanecer siempre neutro, siempre abierto, siempre benévolo, asumir, integrar completamente las emociones y las dudas en cuestión. Pero incumbe al discípulo no negarlas nunca y aclararlas completamente.

Deje que surjan las dudas; obsérvelas. Vea con toda lucidez qué acción puede iniciar para disiparlas –por ejemplo, hablar de ellas con el corazón abierto con su maestro, para decidir eventualmente luego, si este no le ha convencido con sus respuestas, separarse de él. Pero no se hagan este daño que consiste en permanecer en la duda sin confesárselo realmente a usted mismo y quedarse con un maestro en el que ya no confían. Pero, por otro lado, no se la pasen dudando a diestra y siniestra, solo porque tal o cual detalle no corresponde a su manera de ver las cosas.

– *L'ami spirituel*, capítulo "El derecho a la duda".

◉◉◉◉◉

Swamiji has no disciples, Swamiji has only candidates to discipleship.
Swamiji no tiene discípulos, Swamiji solo tiene candidatos al estatus de discípulo.

Un día hablaba yo con Swamiji de sus discípulos franceses e indios. Él me respondió: "Swamiji no tiene discípulos. Swamiji solo tiene candidatos al estatus de discípulo". No le pedí ninguna explicación. Bruscamente me di cuenta de que era verdad, y viví en unos segundos un sufrimiento muy intenso, al oírle decir, después de tantos años que yo había considerado como años de esfuerzos y de pruebas al lado de Swamiji: "Swamiji no tiene discípulos". Después de haber deseado tanto, a finales de 1964, encontrar un verdadero gurú cerca de quien me hubiera podido sentir completamente en el camino, sin tener que abandonar mis obligaciones sociales, familiares y profesionales, me volvía a encontrar de nuevo con esta misma demanda intensa: "Quisiera convertirme en discípulo".

¿Cómo puede uno llamarse discípulo cuando no tiene el ser de un discípulo, cuando uno no ha comprendido con todo su ser qué es un discípulo, cuando uno tampoco ha comprendido qué es tener a un gurú enfrente?

— *En busca del Sí-mismo*, capítulo "El gurú".

El título demasiado denigrado de discípulo representa ya de por sí un grado muy elevado de evolución. Entonces resulta totalmente falso el creerse discípulo solo porque uno así lo ha decidido. El discípulo es aquel que comprende la enseñanza, que comprende al maestro y que consagra su existencia entera a progresar en el camino.

"Aprendiz-discípulo" quiere decir que aun no soy

capaz de tener una relación pura y verídica con aquel que considero como mi *gurú*. Mientras las emociones infantiles reprimidas dominen su relación con el maestro, ustedes todavía son susceptibles de reacciones que, el verdadero discípulo, ha aprendido a dominar. De hecho, muy pocos son aquellos que tienen verdaderamente confianza en su maestro. Si tengo miedo, aunque sea un poco de miedo, no puedo ni siquiera pretender: es mi *gurú*. Si tienen miedo, no podrán abrirse de la misma manera a la enseñanza, y la influencia benéfica transmitida de maestro a discípulo no jugará su papel en toda su plenitud.

La primera cualidad que se espera de un aprendiz-discípulo para que se convierta un día en discípulo, es el valor de mostrarse desnudo frente a su maestro, sin esconder ninguna de sus debilidades ni imperfecciones.

– *L'ami spirituel*, capítulo "¿Tengo un gurú?".

◎◎◎◎◎

Why do you take time and energy from Swamiji?
¿Por qué toma usted el tiempo y la energía de Swamiji?

Aparte de los discípulos indios, éramos nueve los europeos que íbamos regularmente a visitarle. Un día, todos recibimos una carta fotocopiada de Swamiji escrita de su puño y letra, diciendo que, a partir de esa fecha, nadie podía exigir tener un nuevo retiro con él, pero que podíamos presentar de nuevo nuestra candidatura. Debíamos pues responder a un cierto número de preguntas de tal manera que Swamiji quedara convencido a nuestro favor. La verdad de las cosas es que, sin importar cual haya sido la respuesta de cada uno, todos pudimos volver al lado de Swamiji. Pero, por lo menos por un cierto número de días, me sentí muy movido y obligado a reflexionar profundamente respecto a mi relación con Swamiji para poder contestar el cuestionario.

– L'ami spirituel, capítulo "¿Soy un discípulo?".

◎◎◎◎◎

Let Swamiji poison you!
¡Deje que Swamiji lo envenene!

Si alguien pone todos los días una pequeña dosis de veneno en los alimentos de otra persona, el organismo de esa persona se impregna de veneno poco a poco. En este caso particular, se trata de impregnarse de percepciones y concepciones justas que tomen progresivamente el lugar de nuestros mecanismos egocéntricos erróneos.

A partir del momento en el que supe verdaderamente que Swamiji no era otro sino yo, sino el representante de mi verdad más profunda, comprendí que mientras más me abriera sin reservas a su influencia, más me liberaría de mis condicionamientos, y más me convertiría en mí mismo.*

◎◎◎◎◎

You can follow Swamiji, you cannot imitate Swamiji.
Usted puede seguir a Swamiji, pero no puede imitar a Swamiji.

¿Un gurú nos devuelve a nosotros mismos, o bien hace de nosotros su propia caricatura? ¿Es nuestro objetivo el de admirar tanto a un hombre hasta el grado de querer imitarlo? ¿O es nuestro objetivo el de volver a ser nosotros mismos, de ser libres hasta de nuestro proprio gurú y de alcanzarlo en el plano supremo de la libertad? El ego tiene el deseo de imitar, y el alumno tiene el deseo de imitar al gurú que admira y de hacer de él un modelo exterior. Ustedes conocen quizás la frase del zen: "¡Si encuentras al Buda, mátalo!" Si no, ustedes se quedarán esclavos, y su relación con el gurú, por más admirable que sea, se quedará en la dualidad.

Cuando yo maté al Buda exterior a mí —si ustedes comprenden bien el sentido de esta frase— un ser impersonal, pero que, para mí, tomó forma en el mundo relativo, él empezó a vivir dentro de mí. Pero dije bien: un ser impersonal. Cuando la forma del gurú es rebasada, su esencia, que había tomado forma y que es sin forma, vive en nosotros.

— *Le vedanta et l'inconscient*, capítulo "Tolerancia y sincretismo".

◎◎◎◎◎

Infinite love, infinite patience.
Amor infinito, paciencia infinita.

Cuando Swamiji vino a pasar un tiempo en Bourg-la-Reine en 1966, nuestra hija Muriel tenía nueve años. Ella ya había tenido la experiencia de dos largos retiros en la India y había conocido a bastantes sabios durante estos viajes. Ella me pidió traducirle a Swamiji una pregunta: "¿Swamiji tiene poderes milagrosos?" Swamiji le contesto que no. Muriel, que sabía que Ma Anandamayi y Swami Ramdas tenían poderes, se sorprendió un poco. Swamiji hizo entonces una precisión: "Swamiji tuvo poderes, pero ya desaparecieron". Esta respuesta tampoco fue satisfactoria para la niña. Así que Swamiji agregó: "Sí, Swamiji tiene dos poderes milagrosos, *infinite love, infinite patience*, amor infinito, paciencia infinita."

— *En busca del Sí-mismo*, capítulo "El amor".

¿Qué puedo entrever de la liberación?

Do you know what is moksha? Complete release of all tensions, physical, emotional and mental.

¿Sabe usted qué es la liberación (*moksha*)? El relajamiento completo de todas las tensiones físicas, emocionales y mentales.

A veces Swamiji me preguntaba: "¿Sabe usted qué es la liberación, Arnaud?" Yo me cuidaba de no responder ni dar una de las definiciones clásicas de *moksha*, para escuchar su respuesta. *Moksha*, el cumplimiento supremo permitido al hombre, siempre se describe en términos de trascendencia, de infinito, de eternidad. Swamiji daba definiciones mucho más accesibles y perturbadoras. Un día me dijo: "La liberación es el completo relajamiento de todas las tensiones, físicas, emocionales y mentales". Entonces me di cuenta, en un instante, que toda mi existencia estaba hecha de tensiones, salvo por algunos momentos de un poco de relajación superficial, después de una hora de yoga, de "meditación" o cuando un deseo era momentáneamente satisfecho.

La palabra *release*, de hecho significa más que relajación, "liberación", en el sentido, por ejemplo, en que se libera a un prisionero. Liberación de todas las tensiones entonces significa no conservarlas más, no guardarlas en nosotros, pues somos nosotros los guardianes concienzudos de nuestra propia prisión. Hay que acercar esta definición a otra, más clásica: "La liberación es la desaparición definitiva de todos los deseos y de todos los miedos". En efecto, en el momento en que hay deseo o miedo, hay tensión.

Si nos proponen como objetivo la supresión completa de todas las tensiones, de inmediato estamos de acuerdo. ¿Quién no desearía estar profundamente relajado? Pero cuando nos dicen que esta relajación completa es sinónimo del estado-sin-deseo, el ego se asusta, puesto que no está hecho más que de deseos.

— *En busca del Sí-mismo*, capítulo "El estado sin deseos".

La primera relajación es la aceptación completa de las tensiones que aun no se han soltado.*

⊚⊚⊚⊚⊚

Complete slavery is perfect freedom.
La esclavitud completa es la libertad perfecta.

Ya no se trata de saber qué me gusta, qué no me gusta, de qué tengo ganas, qué me da miedo, qué me atrae, qué me repele, qué me preocupa o qué me tranquiliza. Es únicamente cuestión de saber qué debe ser llevado a cabo bajo una sumisión consciente, dichosa, correcta. Lo podemos expresar en lenguaje dualista y teológico: sumisión completa a la voluntad de Dios, renuncia completa a la voluntad propia; o en términos del taoísmo o del budismo zen: sumisión al orden de las cosas, no-actuar. Si el mental ha desaparecido totalmente, ya ni siquiera hay, de acuerdo a la expresión tradicional, "el grosor de un cabello" entre yo y el mundo, entre mi voluntad y el curso del Universo: los dos no son más que uno. La concordancia es tan perfecta con el curso de las cosas, que nos encontramos tan de acuerdo como si nosotros fuéramos el autor de la gran comedia universal. Yo estoy, de instante en instante, de acuerdo, totalmente de acuerdo. Ya no me sitúo en el centro de un ego individualizado sino en el centro del curso mismo del Universo, en el Om o en el Amén permanente.

— *En busca del Sí-mismo*, capítulo "Mahakarta, mahabhokta".

Si ustedes ven que son esclavos de mecanismos implacables que los mantienen en el sufrimiento, comprenderán que no se pueden liberar de ellos más que sometiéndose a otra obediencia. Innumerables leyes estudiadas por las ciencias humanas tienen poder sobre nosotros. Y la liberación consiste, si no en superar todas las leyes, al menos en reducir considerablemente su número: en lugar de estar sometidos a cientos de leyes, aquellas que estudian los psicólogos y los sociólogos; ustedes estarán sometidos solo a ciertas leyes fisiológicas, como la necesidad de respirar, comer, digerir, envejecer y morir. Pero esto solo sucederá si ustedes escogen deliberadamente otra esclavitud, la esclavitud a la verdad, la esclavitud a la necesidad (o a la justicia) de las situaciones, la esclavitud a la realidad total lúcidamente percibida. solo esta esclavitud libremente aceptada los libera de la esclavitud interior.

La liberación que nos proponen las diferentes vías espirituales es una forma de sumisión pero una sumisión bienaventurada, de ahí la sorprendente fórmula de Swamiji: "La esclavitud perfecta, es la sumisión perfecta", pero la esclavitud, ya no a su mental, la esclavitud a la Verdad, a estar conforme con las cosas tal cual son, la adhesión perfecta a la realidad de instante en instante. La palabra islam significa sumisión. Mi ego no quiere que sea así, pero la verdad es que así es. Aquí y ahora, ¿qué es lo que se tiene que cumplir? Aquí y ahora, ¿qué es lo que se me pide? Si ustedes pueden descubrir un día esta "bienaventurada esclavitud", actuarán conscientemente en lugar de actuar mecánicamente, y serán soberanamente libres.

— L'ami spirituel, capítulo "Obediencia y libertad".

⊚⊚⊚⊚⊚

You are peace, you are truth.
Usted es la paz, usted es la verdad.

Las enseñanzas espirituales de todas las tradiciones afirman que lo que buscamos ya está en nosotros, velado por la agitación de la superficie. Durante una de mis primeras entrevistas con Swami Prajñanpad, mencioné: "Yo sé que la paz, la serenidad ya están en mí". Inmediatamente él rectificó: "No, usted es la paz, usted es la verdad". Entonces recordé que a través de la traducción inglesa de mi intérprete, el maestro tibetano Kalu Rimpoché me había dicho algunas semanas antes, palabra por palabra, lo que Swamiji me acababa de decir.*

⊚⊚⊚⊚⊚

There is no seer and no seen, there is only seeing.
No hay el observador y lo observado, solo hay visión.

Este tipo de frases expresa el nivel último de la vía. En ciertos libros traducidos al francés, totalmente independientes de Swami Prajñanpad, usted encuentra: "Sobrepasar la distinción del sujeto y del objeto". Se trata de una experiencia de no-separación o, de acuerdo a la expresión consagrada, de no-dualidad, o más aún, de desaparición del ego. Si "yo" ya no estoy en cuanto realidad definida y limitada, mi percepción se convierte en completamente pura, y se vuelve adecuado no decir más: "yo escucho a Carolina", sino que "Carolina es escuchada". De este modo, la dualidad habitual sujeto-objeto es cuestionada y la unidad se deja ver.*

◎◎◎◎◎

There are countless births and deaths but, in truth, there is no birth and no death.
Hay innumerables nacimientos y muertes, pero en verdad, no hay ni nacimiento ni muerte.

El *atman* no nace ni muere. Hasta el nacimiento y la muerte suceden en el interior de la Consciencia. La verdad última es que la Consciencia pura nunca nace y no morirá jamás.

A diferencia de los occidentales que oponen corrientemente la muerte a la vida, los orientales oponen la muerte al nacimiento. La vida no está implicada en el juego de los contrarios. La vida eterna se expresa a través del cambio. A cada instante, lo que era ya no es más, ha sido remplazado por otra cosa diferente. "Nada se crea ni se destruye, solo se transforma". Por la ley de la impermanencia, no hay un nacimiento que no sea una muerte, ni una muerte que no sea un nacimiento.*

◎◎◎◎◎

Swamiji is eating Swamiji with the help of Swamiji. Who is Swamiji?
Swamiji está comiendo Swamiji con la ayuda de Swamiji.
¿Quién es Swamiji?

Una afirmación incomprensible a primera vista, evoca tres eventualidades: o bien esta frase no tiene ningún sentido, o aquel que la pronuncia la repite por pura fidelidad a las ideas de los vedas, o esta expresa una realización personal. Nuestro enfoque común respecto de la realidad está fundado sobre la separación "yo y"... alguna otra cosa. De entrada, este otro es percibido a través de nuestras proyecciones y de nuestros juicios subjetivos, lo que Swamiji llamaba pensar acerca de la realidad y no ver la realidad. Después viene, con la práctica, una relación mucho más imparcial, lúcida y objetiva.

Durante mi última estancia con Swami Prajñanpad, yo asistía a su comida. Al final de esta, él comía queso fresco con una cucharita. Unos días antes, me di cuenta que yo proyectaba sobre ese queso fresco los yogurts que detestaba en mi infancia, pero que mi madre lograba hacerme tragar con una cucharita de plata, la cual se convirtió en un símbolo del amor maternal, y Swamiji conocía ese detalle. Una visión, aun relativa, percibe la realidad sin ninguna proyección.

Cuando Swamiji rompió el silencio para preguntarme: "¿Qué hace Swamiji?", yo contesté, en una especie de complicidad con él: "Swamiji come channa con su cuchara habitual". Y Swamiji tranquilamente rectificó: "Swamiji come Swamiji con la ayuda de Swamiji. ¿Quién es Swamiji?". Era evidente que esta pregunta no pedía una respuesta inmediata. La visión absoluta es la de la unidad, cuya expresión es la multiplicidad. La misma idea hubiera podido ser formulada de esta forma: "El *atman* come *atman* con la ayuda del *atman*".*

A manera de conclusión

Be happy!
¡Sea feliz!

Be happy!
¡Sea feliz!

Un día oí de la boca de Swami Prajñanpad un mandamiento verdaderamente sorprendente. Fue al final de mi primera estancia a su lado en marzo de 1965. Yo me había metido en la cabeza que cuando uno encontraba a su gurú, este le debía dar una iniciación con todas las de la ley, y, por supuesto, un "mantra".[23] Pero Swamiji siempre eludió mis tentativas en este sentido. Entonces me puse listo y le hice la petición: "Ya que Swamiji no me ha dado un mantra para practicar, me gustaría que me diera una fórmula que resumiera su enseñanza en pocas palabras". Y él me respondió: "Sí, en el momento de su despedida, Swamiji le dará la fórmula". El día de la despedida se acercaba, y un buen día, después del desayuno, fui a despedirme de Swamiji, muy impresionado por haber conocido a un sabio que hablaba inglés, que respondía a mis preguntas, y que me daba una enseñanza detallada y metódica. Y entonces Swamiji me

---

23. Mantra: fórmula en sánscrito dada por un maestro, que resume la esencia del camino del discípulo.

anuncia: "Ahora, Swamiji le va a dar la fórmula". Él me miró y me dijo muy solemnemente, pero sonriendo: "*Be happy, Arnaud*", "Sea feliz, Arnaud".

Yo no era particularmente infeliz en ese entonces; mi vida profesional había mejorado considerablemente, después de años bastante difíciles; estaba apasionado con mis largos viajes por Asia, por las sesiones de filmación de mis películas, me encantaba mi existencia aventurera y libre de cineasta explorador, pero ese "*Be happy, Arnaud*" me hizo estallar en sollozos. Fue tan simple, tan fuerte, tan terrible, que lo oí como si fuera un mandamiento solemne. Yo no había considerado la vida espiritual de una manera tan directa y tan simple. Había imaginado los estados superiores de consciencia, los *samadhis*, pero estas palabras eran totalmente inesperadas para mí. El fin de la espiritualidad era tan simple como eso. Yo no podía ni huir de ese fin, ni hacer trampa con él. Si tomaba a Swamiji en serio —y lo tomaba muy en serio— ya no podía olvidar esas palabras…

– *Una vida feliz, un amor feliz*, capítulo "Be happy".

◎◎◎◎◎

Thank yourself.
Agradézcase a usted mismo.

Un día le dije verdaderamente gracias a Swamiji. Y fui sincero. No fue un "*thank you*" apenas pronunciado. Y él me respondió: "Agradézcase a usted mismo". Sentí con el corazón lo que me quiso decir: "¿Usted es feliz gracias a Swamiji? Pues bien, agradézcase haber venido al ashram. Agradézcase el haberse quedado en lugar de haberse ido ante la primera dificultad. Agradézcase el haber escuchado a

Swamiji en vez de haber contestado con un "sí, pero…" en cuanto él abría la boca".

La gratitud con respecto a usted mismo, he aquí uno de los primeros sentimientos religiosos que puede conocer. No es egoísmo. El egocentrismo, es aquello a lo que estamos condenados cuando no podemos amarnos. Y el amor hacia nosotros mismos, no la vanidad o el amor propio, el verdadero amor, vendrá cuando reconozcamos: "Oh, por fin fui capaz de hacerme feliz".

– *L'audace de vivre*, capítulo "Felicidad, gratitud, amor".

൭൬

Arnaud Desjardins

Arnaud Desjardins (1925-2011) fue realizador en la Televisión Francesa durante 22 años, enviado especial en Asia y miembro de la Sociedad de los Exploradores Franceses.

Se dio a conocer en los años 60 por una serie de reportajes inéditos sobre el budismo tibetano, los ashrams hindúes, los monasterios zen de Japón y las cofradías sufíes de Afganistán, así como por sus primeros libros. Sus encuentros con maestros de las diferentes tradiciones permitieron ahondar en su propia búsqueda espiritual, hasta el día en que entró en contacto con quien sería su maestro, Swami Prajnanpad. Durante nueve años consecutivos permaneció regularmente junto a su maestro y fue así como, en dado momento, se efectuó en Desjardins una transformación radical.

En 1974, a la muerte de Swami Prajnanpad, se fue al centro de Francia, donde se retiró con algunos de los lectores de sus libros para compartir su experiencia y asumir a su vez el papel de guía. Tres lugares han marcado su trayecto de instructor: el Bost, en Auvergne; luego Font-d'Isiere, en le Gard y, por último, Hauteville en Ardeche.

Arnaud Desjardins escribió más de 20 libros, producto de las cuestiones que le planteaban y que, por el hecho de provenir de una experiencia personal, incitan al lector a comprometerse en la práctica.

Véronique Desjardins es autora de varios libros entre los cuales *"Les formules de Swami Prajnanpad"* [Las formulas de Swami Prajnanpad]. Esposa de Arnaud Desjardins, divide su tiempo entre Francia, México y Quebec.

Libros publicados por Hara Press de este mismo autor
ARNAUD DESJARDINS

- Bienvenidos en el camino. *Los fundamentos de la enseñanza*

- El camino del corazón

- Regreso a lo esencial

- Una vida feliz, un amor feliz. *Cómo lograr la felicidad en el amor y en la vida a través de una enseñanza milenaria*

- La travesía hacia la otra orilla

- Releyendo a los Evangelios

- En busca del Sí-mismo. Volumen 1: Adhyatma yoga

Libros publicados por Hara Press
sobre las enseñanzas de Arnaud Desjardins:

ÉRIC ÉDELMAN:

Mangalam. *Diario de un camino espiritual junto a un maestro occidental.*

GILLES FARCET:

El manual de la anti-sabiduría. *Guía práctica para ver nuestros errores en el camino espiritual.*

Para más información acerca de
la enseñanza de Arnaud Desjardins
escribir a:

HAUTEVILLE
07800 Saint-Laurent-du-Pape
Francia

MANGALAM
120, Chemin Verger-Modèle
Frelighsburg
Quebec JOJ 1CO
Canadá

www.ingramcontent.com/pod-product-compliance
Lightning Source LLC
Chambersburg PA
CBHW071426090426
42737CB00011B/1581